A mon père.

Merci à Marie-Thérèse Cuny pour l'aide précieuse qu'elle m'a apportée; à Gilles Perrault, qui a été touché le premier par l'histoire de mes enfants; à Michel Leviant, qui m'a permis de prendre conscience de mes richesses et de mes limites; à Jean Moris, mon guide pendant vingt ans, qui m'a appris, entre tant d'autres choses, que le respect de soi commence par le respect de l'autre.

Une souris blanche

Le logement que m'avait attribué la mairie était constitué d'une pièce unique avec cabinet de toilette. Une cellule de prison aux murs jaunis, tristes, à la peinture écaillée. Pour tout mobilier, une table de bois, une chaise, un lit de fer et un vieux poêle à charbon. Complètement fauchée, je n'avais même pas les moyens d'y mettre du combustible. Mon unique billet de cent francs a duré deux mois et demi. Je n'achetais que du pain, et encore pas tous les jours.

Le premier jour de classe, je suis partie sans manger, une boule au creux de l'estomac. J'étais à peine arrivée que la directrice, une petite femme brune aux cheveux raides et aux sourcils perpétuellement froncés, a crié :

– Ramassez-moi vos fauves! Et, je vous préviens, ne les lâchez en récréation que lorsque les nôtres seront rentrés en classe! Restez dans le champ derrière le mur de ciment, ils n'ont pas droit à la cour...

Elle n'a respiré qu'une seconde avant d'ajouter :

– Quant à vous, si vous n'êtes pas arrivée le matin à 8 h 25, vous serez déclarée absente à l'Inspection académique.

Cette femme n'en a jamais rien su, mais son accueil m'a aidée. Je me suis sentie autant rejetée que ces gosses pouvaient l'être. Je venais ici travailler avec eux, pour eux, et, en une seconde, j'étais aussi devenue des leurs. Ils l'ont compris. J'ai entamé avec eux, les dents serrées comme eux, ma première année de remplaçante éducatrice pour enfants paumés.

Une fois refermée la porte de la classe, je les ai comptés. Ils étaient douze. De dix à quatorze ans. Pas un ne savait lire. Quelques-uns ânonnaient péniblement, sans aucune conviction. J'ai commencé par tapisser les murs, avec eux, de points de repère. Le *c* de « canard », le *q* de « queue de cheval », etc.

Parmi les douze, il y avait un petit Nanard, dix ans, qui en paraissait à peine six. Ce jeu de piste sur les murs l'amusait comme un fou, et il s'est mis à répéter toutes les lettres avec application.

– *A*, « canard » ; *i*, pas « canard » ?

– Non, bonhomme, *i* « souris ». Il y a *i* dans « souris ».

U n'était pas « souris » ni « canard ». C'était un problème :

– Nanard, écoute : *u* comme « perdu », tu entends ; *u* dans « perdu »... répète !

Et il répétait Nanard :

– *A*, « canard » ; *i*, « souris » ; *u*, « perdu ».

Ce n'était pas du tout orthodoxe, mais ça a marché, et, si un Nanard a pu reconnaître toutes ses voyelles au bout de quelques leçons, les autres aussi.

Je n'ai même pas tenté d'appliquer les méthodes que l'on nous inculquait le mercredi, au cours de formation des remplaçants. J'ai fabriqué la mienne, je l'ai testée, corrigée, rectifiant le tir quand les résultats n'étaient pas ceux escomptés. J'en ai conclu que la meilleure méthode pédagogique en ce qui nous concernait, les enfants paumés et moi, ce n'était pas la dernière à la mode dans les manuels, mais celle qui marchait.

Dans la foulée, pour les détendre, je leur ai apporté une souris blanche. Elle faisait rire les gosses, assise sur son derrière à grignoter des graines en les tenant soigneusement entre les pattes de devant. C'était une souris blanche de tendresse, aux petits yeux vifs et noirs. Un être duveteux, malin, soyeux des moustaches, alerte, intelligent, vivant et nécessaire – je le sentais instinctivement – à ma douzaine de gamins paumés, porteurs de cicatrices visibles ou invisibles, interdits d'affection et de cour de récréation.

La directrice aux sourcils froncés a grogné :

– Ça sent mauvais, c'est ridicule. Ils n'ont pas besoin de ça ! Ils ne sauront même pas s'en occuper !

Mais les enfants ne l'entendaient pas râler, ou faisaient semblant, je crois, de ne pas l'entendre. Ils sont forts pour ça. Ils ont tous pris soin de la souris blanche. On lui donnait de l'eau propre trois fois par jour, et elle engraissait à vue d'œil. Nous l'appelions Beru.

La seule fois où la directrice m'a accueillie avec un sourire, notre souris blanche était couchée sur le dos, les pattes en l'air, raide morte dans sa cage. Beru ne pouvait pas nous désigner son assassin. C'est un témoin privilégié, un témoin direct, visuel – la femme de ménage – qui m'a dit :

– J'ai vu entrer la directrice dans la classe ; c'est elle qui a étranglé Beru.

Alors, les enfants sont allés en délégation affronter la meurtrière et lui ont signifié dans le désordre que, si elle approchait à moins d'un mètre de leur classe, elle subirait le même sort que Beru.

Tout cela n'a pas arrangé mes rapports avec l'administration. Je démarrais bizarrement dans ce métier. Je n'étais remplaçante que pour ne pas être au chômage, pour subsister jusqu'à la saison nouvelle. Petite fourmi laborieuse qui cherchait un avenir, un métier, une assise dans la société.

Ce n'est pas à la directrice meurtrière de souris blanche que je dois la décision de m'être investie totalement dans ce travail. Elle y est quand même pour une part. J'ai immédiatement décidé que ces enfants-là avaient droit, eux aussi, à la cour de récréation, droit aux souris blanches. Mais c'est Nanard qui a emporté la décision.

Mise en confiance, peu à peu ma douzaine de gosses est venue me confier sa misère. *A* comme

« abandon », *b* comme « battus », *u* comme « perdus »; j'appris alors un nouvel alphabet, le leur.

Nanard surtout. Bernard, pour la société qui l'a vu naître. Il avait été mis en nourrice à l'âge de neuf mois, il y était resté jusqu'à six ans. Enfermé dans une cave et dans le noir. La nourrice qui en avait la charge ne lui apportait à manger qu'une fois par jour : les restes de sa table.

Personne n'a jamais su me dire comment on avait découvert cet enfant ni comment on l'avait sorti de sa cave. Je sais seulement qu'il a dû se réhabituer progressivement à la lumière, apprendre à parler, à marcher correctement et que, pendant longtemps, il a continué à se terrer sous les tables, sous les lits, comme un animal sauvage.

A dix ans, Nanard avait fait quelques progrès, mais son « cerveau » était encore perturbé : il vivait une angoisse et une inquiétude constante. Dès qu'il avait une émotion, qu'il ait réussi ou raté quelque chose, il venait se blottir contre moi, en boule sur mes genoux et suçait son pouce jusqu'à ce que je lui fasse comprendre que le câlin était terminé, que la journée était finie ou que je devais m'occuper des autres.

A la fin de ma première année de remplaçante, j'avais le cœur gros de le quitter. Des enfants comme lui, il y en avait cent, mille... il y en avait trop. Je venais de découvrir un univers où j'avais peut-être ma place. J'ai décidé de préparer une spécialisation pour rester avec eux.

Si je me suis retrouvée maîtresse d'école dans les foyers de la DDASS, c'est donc la faute à Nanard.

Les enfants, tous les Nanard et les autres, forment aujourd'hui dans mon souvenir une galerie de portraits dont quelques-uns sont éclairés d'une lumière inoubliable.

Certains visages se confondent, comme une foule dans laquelle les regards seraient tous semblables. D'autres m'ont fusillée, marquée pour toujours.

Il y a eu une époque, dans ma jeunesse, où j'aurais voulu être psychiatre, pour comprendre le cerveau humain, l'intérieur des gens. Mon père surtout, dont je ne parlerai pas, sinon pour dire que lui aussi admirait ces gens qui avaient des connaissances différentes, si importantes, qui « savaient » le fonctionnement de l'homme. Je voulais faire partie de ces gens-là, pour qu'il m'admire. Pour le récompenser. Je voulais m'instruire de critères de références, de motifs de comportement. Apprendre à décortiquer comme on décortique une montre compliquée, rouage après rouage. Avoir la satisfaction de remonter la mécanique et de regarder la course parfaite des aiguilles dans le flux des secondes régulières.

Je n'ai pas fait ce genre d'études. Mais je suis tombée dans la DDASS des enfants comme on tombe à la mer. Et j'ai nagé. A leurs côtés, souvent à la dérive, parfois à l'estime, en leur soufflant toujours, pour qu'ils résistent aux vagues :

– Je suis là pour toi, prends tout ce que tu peux prendre ; tout ce que je peux t'apporter est à toi. Ma force comme ma faiblesse, mes erreurs comme mes réussites.

On ne peut pas se fixer comme objectif de tout réussir. Chaque enfant était un *a*, et ma seule tâche consistait à l'amener à *b*, ou *c*, ou *d*... Nous partions ensemble dans cette tâche, lui et moi ; nous pouvions nous casser la figure tous les deux, ou réussir. Je lui disais :

– Je ne sais pas où on va ni ce que ça va donner, mais ça vaut la peine d'essayer.

Et on essayait. Parfois, il me disait :

– Tu m'emmerdes, je veux rien essayer, je veux rien apprendre.

Et moi, j'étais sûre qu'il avait besoin d'être « emmerdé ». Alors, je m'obstinais et je lui répondais :

– D'accord, je sais que je t'emmerde, mais je reviendrai encore demain t'emmerder. »

C'était ça, ma tendresse. Revenir jour après jour les « emmerder », jusqu'à ce qu'ils prononcent un mot, une lettre, dessinent quelque chose.

Je les ai tous aimés et, à certains moments, je les ai tous détestés cordialement. J'ai rêvé de les envoyer bouillir au diable. Ils me l'ont bien rendu. Nous nous sommes détestés et adorés. Beaucoup d'entre eux ont repris des forces pour se battre dans la vie, d'autres n'ont pas pu. Quant à moi, j'y ai laissé des plumes. Il m'est arrivé d'échouer. D'en avoir assez. D'être fatiguée au-delà du supportable. Ces enfants n'ont rien, ils sont nus et vides, et nous devons leur apprendre à se vêtir et à se remplir. Il ne suffit pas de leur donner un pantalon ou une paire de chaussures ni de les câliner sous prétexte qu'ils n'ont pas connu la tendresse. On ne peut rien leur imposer. Seulement leur offrir, pour qu'ils prennent, s'ils le peuvent. Et lutter, comme ils luttent.

Je sais l'indifférence crasse de beaucoup pour cette enfance-là. Pire que l'indifférence, l'incompréhension. On n'aime pas le malheur, il fait peur, et après tout pourquoi endosser tous ces malheurs en plus, si on peut l'éviter ? Avant de parler des enfants du château, d'écrire, j'ai résisté assez longtemps. Pourquoi déverser dans d'autres têtes ce que j'avais dans la mienne ? L'un des enfants, devenu adulte, m'a dit l'autre jour :

– Tu le fais, ce livre ? Il vient ?

Il m'a libérée.

De tant de choses. De cette enfant, que j'ai vue passer à l'infirmerie, qui n'avait que trois ans.

Elle ne portait sur elle qu'une petite robe d'été, et rien aux pieds. Elle n'avait presque plus de cheveux, de grandes plaques sur la tête, comme des croûtes, et au milieu une horreur de petit trou sanguinolent. Elle était sage et ne pleurait pas. Pas un cri, pas un pleur, plus rien. Le silence. Elle est restée plusieurs semaines à l'infirmerie, puis s'est mise à traîner partout en jouant toute seule avec un morceau de bois, un caillou, de la terre. Elle tombait souvent et, lorsqu'on allait la ramasser, elle ne se débattait pas, ne geignait pas, ne refusait rien. Toujours en silence, elle acceptait tout, absolument tout ce qu'on pouvait lui proposer.

Elle faisait peur. Nous éprouvions presque de la répulsion pour son état. Ce n'était plus une enfant ; quelque chose de tendre, de doux, de rond qui sent bon le bébé. Elle ressemblait à tout sauf à un bébé.

Il faut prendre sur soi pour aimer dans ces cas-là. Tant on est encombré de pitié, de mauvaise conscience, de dégoût et de rage, d'impuissance vraie.

Je ne sais pas son nom. Ni ce qu'elle est devenue ailleurs, dans un autre foyer. Je ne l'ai vue que passer. Encore un petit fantôme d'enfant, en robe d'été, pieds nus, avec son mystère sanglant. Un portrait en flou. Comme tant d'autres, tellement d'autres qu'elle pourrait en être l'image symbolique.

Celle de la souffrance enfantine.

Le cimetière des mamans

Un jour de classe comme les autres. Un matin brouillard-soleil. Mal réveillée, je gare ma voiture sur le parking du château. Il est 8 h 30, l'heure de tous les courages, en principe. Michèle est déjà là. Elle est toujours là où il ne faut pas, et toujours accroupie. C'est sa position préférée, comme les petits singes en attente. Elle a un petit bout de bois dans une main et dessine dans le sable des figures qui n'ont de réalité que pour elle. Michèle, c'est une enfant toute petite. Elle se redresse en voyant arriver ma voiture. Elle s'approche de l'engin venu d'ailleurs, du monde extérieur au château, de dehors.

Elle s'essuie le nez du dos de la main, s'approche en souriant et en sautillant d'un pied sur l'autre. Il y a un grand trou au milieu du sourire qu'elle me destine.

Elle a sept ans; l'âge auquel on perd ses dents!

Elle est contente. Comme ça, maintenant, elle est dans la norme. Les copines l'ont assez charriée :

– Tu fumes pas? Pourtant tu as la place!

– Tu peux même manger tes spaghetti sans ouvrir la bouche !

C'est qu'elle, son trou, on l'a toujours vue avec. Elle l'avait déjà quand elle est arrivée, et elle avait quatre ans. C'est un coup de poing qui lui a fait ça. Et la petite souris n'est jamais passée !

Cela ne l'empêche pas de sourire, de porter ce trou presque en triomphe, l'air de dire :

– Regarde-moi, toi, l'adulte que je croise, et écoute-moi ! Je suis là et j'existe !

Mais elle a beau sourire, elle n'est pas jolie.

Cela m'énerve et me met en colère contre moi, parce que je dois toujours faire des efforts pour aller vers elle. Il y en a qui prétendent qu'un enfant c'est toujours joli ! Eh bien, moi, je suis désolée, mais, Michèle, je ne parviens pas à la trouver jolie.

A sept ans et un trou, elle m'offre la vision de ses cheveux châtains, queue de vache, sans couleur vraiment distincte : le ton passe-partout qui fait qu'on ne remarque pas la tignasse d'un bambin. Tignasse d'ailleurs mal coupée. Ça aussi, ça me met en colère. Nom d'une pipe, ce n'est tout de même pas difficile de couper les cheveux droit à une gamine ! Déjà qu'elle n'a rien pour s'arranger ! Qu'on essaie au moins de lui donner un petit quelque chose qu'on ait envie de regarder ! Qui fasse passer le reste ! Elle a déjà un trou au milieu de la bouche et le nez sale en permanence ! On la voudrait parfaitement repoussante qu'on pourrait difficilement faire mieux !

Avec ça, comble de bonheur, elle est toujours mal

fringuée ! On lui refile les vêtements dont personne ne veut. Parce qu'elle se traîne toujours par terre à quatre pattes dans la poussière. On se demande bien pourquoi on l'habillerait élégamment. Ou même proprement. Il faut dire aussi qu'elle s'en fout ; pour elle ce n'est pas important. Ses fringues, je suis sûre qu'elle ne les voit même pas. Ce qu'elle veut, elle, c'est une maman. C'est vrai qu'il n'y a que les yeux d'une mère qui pourraient peut-être essayer de la trouver belle.

Elle renifle bruyamment. On a depuis longtemps renoncé à lui confier des mouchoirs. Elle les remplissait sans cesse d'une multitude de petits trésors, tous plus sales et poussiéreux les uns que les autres : vieilles cartouches de stylo qui coulaient et dégoulinaient à travers la poche, vieux chewing-gums quémandés à l'un ou à l'autre et mâchonnés depuis plusieurs jours... Donc, elle renifle et s'adresse à moi sans me regarder, comme d'habitude. C'est toujours comme ça qu'elle s'adresse aux adultes : en regardant ses pieds. Par pudeur ? Par mépris ? Je ne sais pas. En tout cas, comme quelqu'un qui sait qu'il dérange.

Et, quand elle me la pose, je l'attendais un peu, son éternelle question :

– Dis, maîtresse, est-ce que t'as trouvé une maman pour moi ?

Ça m'agace au-delà du supportable ! Je devrais me mettre en colère et la renvoyer avec les autres, là où elle devrait être. Ne pas la laisser traîner dans mes jambes. Mais je sais bien au fond de moi que ce qui m'énerve, finalement, ce n'est pas elle, ni même sa question, qu'elle me rabâche invariablement depuis mon arrivée au château, mais mon impuissance à résoudre son problème. Quand je vois des gens malades ou handicapés, je me demande souvent : « Pourquoi eux et pas moi ? » Quand elle est arrivée chez nous, cette petite puce du haut de ses quatre ans, quelle faute avait-elle commise ? De quoi était-elle punie pour n'avoir autour d'elle personne pour l'aimer ni même s'occuper d'elle ?

Ici, au château, on sait peu de choses sur le passé des enfants. On sait le plus grave, l'essentiel, ce qui a fait qu'ils sont là, chez nous, pupilles de la DDASS, orphelins patentés ou provisoires, abandonnés ou déposés simplement comme un objet en garde à vue, démolis intérieurement ou extérieurement. D'après ce que j'ai compris et entendu à son sujet, lors des réunions avec les éducateurs, cette maman qu'elle recherche et qu'elle réclame est morte il y a déjà plusieurs années. Le père s'est chargé d'elle pendant quelque temps, mais, comme il était plus souvent occupé à vider les bouteilles qu'à remplir les biberons, au bout d'un certain temps Michèle s'est retrouvée ballottée de nourrice en nourrice. Celles-ci, mal payées ou le plus souvent pas du tout, n'avaient qu'une hâte : se débarrasser au plus vite de cet encombrant petit paquet qui ne rapportait rien et, même, coûtait des sous. La dernière à s'en être occupée a tout d'abord tenté de la rendre à son père. Elle a frappé en vain chez lui et, lorsqu'elle a entendu les hurlements des voisins en colère : « L'ivrogne, il y a trois semaines qu'il est parti », elle a pris sa décision. Elle a redescendu l'escalier de bois sale en traînant la gamine et nous l'a amenée le jour même. Elle avait un peu mauvaise conscience alors, quand la gamine s'est accrochée à elle et a commencé à pleurer, elle lui a vaguement expliqué qu'elle n'était pas sa mère et qu'elle ne pouvait pas la garder. Que sa vraie mère était quelque part dans le « cimetière des mamans ».

Michèle est restée là avec pour tout bagage une petite phrase dans sa tête, qui lui disait qu'elle avait une maman quelque part dans le « cimetière des mamans ».

Depuis, elle erre chez nous, démolie – extérieurement d'un coup de poing, intérieurement on ne sait comment –, à la recherche d'un peu de tendresse ou d'affection : à la recherche d'une maman.

Elle n'a jamais reçu la plus petite marque d'intérêt de qui que ce soit. Parents ou grand-parents, oncles ou tantes. Selon la loi, elle serait adoptable, mais cela, c'est sur le papier ! Pour l'être vraiment, adoptable, il faut être dans la limite d'âge, c'est-à-dire très jeune. Il faut être un beau poupon rose en barboteuse blanche, sentir le bébé et le lait de toilette. Mais, quand on a sept ans, un trou dans la bouche et le nez qui coule, est-ce qu'on est vraiment adoptable ?

Sa question, que j'ai laissée sans réponse, vient interrompre mes pensées. Elle a cessé de sautiller et de renifler.

– Dis, maîtresse, est-ce que t'as trouvé une maman pour moi ?

Je n'ai pas le courage de plaisanter et de lui dire que je n'ai trouvé aucune maman d'occasion, valable sur le marché, ce matin ; encore moins celui de lui avouer que les mamans ne sont pas interchangeables, qu'on en a une une fois pour toutes et que, lorsqu'elle n'est plus là, on doit apprendre à s'en passer.

J'évite soigneusement son regard, ce regard d'interrogation, ce regard d'inquiétude, qu'elle partage avec tous les enfants qui sont là. Je l'ai vu tant de fois, ce regard, que je n'ai jamais retenu la couleur des yeux qui l'exprimaient. Ils ont tous la couleur du malheur.

Je ne réponds rien, puisque je n'ai pas trouvé de maman. J'essaie un petit sourire désolé. Elle n'y prend même pas garde. Comme si elle n'attendait pas de réponse. Et elle se pend à mon cou comme elle le fait tous les matins. Elle a autour de la bouche une moustache de confiture et de chocolat, restes du petit déjeuner. J'embrasse résolument le joyeux mélange. Le geste que j'esquisse ensuite pour me nettoyer, elle ne le voit pas : de nouveau accroupie, elle contemple ses dessins dans la poussière. Je m'en veux aussi de ce mensonge-là.

Ça va être l'heure de prendre les cours. Je tente de l'emmener. Pour une fois, au moins, elle sera à l'heure. J'essaie de la sortir de sa contemplation :

– Allez, tu viens ? On y va ?

Miracle, ça marche !

Elle s'est redressée et me devance dans l'allée qui

mène aux classes, tout en sautillant d'un pied sur l'autre.

Elle ne paraît pas ses sept ans, mais elle a quand même un peu grandi. Quand elle est arrivée, elle était tellement minuscule qu'on avait plus envie de lui donner le biberon que de lui apprendre à tenir sa fourchette correctement. Elle a grandi, c'est vrai, mais elle a surtout beaucoup changé. Elle paraît calme et résignée. Elle a souvent de petites réflexions qu'on n'attendrait pas d'une enfant. C'est un bébé poussé trop vite, confronté dès sa naissance aux difficultés de vivre des adultes. Elle ne crie plus, elle ne pleurniche plus. Mais, surtout, elle ne fugue plus.

Les premiers mois, elle s'échappait sans cesse. On pouvait aussi bien la retrouver assise sur le lit, dans l'infirmerie, qu'à deux kilomètres du château. Aux passants qui s'interrogeaient sur la présence insolite de ce presque bébé sur les routes de campagne elle demandait le chemin pour le « cimetière des mamans ».

Rien ne pouvait la détourner de ses recherches. Elle s'échappait à tout bout de champ. Il suffisait d'une seconde d'occupation ailleurs, le temps pour moi de commencer à en faire manger un ou d'essuyer les fesses de l'autre pour que, tout en discutant gravement avec sa cuillère ou son pot de yaourt vide, elle ait passé les grilles du foyer.

A cette époque, on a tout essayé. On a passé des heures à lui expliquer que la route était dangereuse, qu'elle pouvait être blessée ou même mourir! Michèle nous regardait, la bouche ouverte sur son sourire troué. Après le réconfort, les discussions, les explications, les encouragements, il y a eu les remontrances et enfin les disputes. Rien n'y a fait. Elle a continué de fuguer jusqu'au jour où...

C'est un routier qui nous l'a ramenée dans son seize tonnes.

C'était l'heure de la sortie des classes. J'accompagnais ce brave homme avec sa trouvaille chez le directeur. Il l'avait fait descendre de son camion et l'avait calée dans ses gros bras noueux et bronzés. Son énorme crâne chauve et luisant était penché sur elle. C'était un colosse, une force de la nature, tout en muscles. Et alors, je m'en souviens encore aujourd'hui, il a dit :

– Écoute, petite, faut pas déranger les mamans qui font dodo dans les cimetières, parce qu'elles ont eu très mal. Elles se reposent. Alors, il faut être sage, très sage ! Tu sais, une autre maman très gentille viendra te chercher un jour. Il ne faut plus t'échapper parce que, sinon, tu ne seras peut-être pas là le jour où elle viendra.

Michèle écoutait, blottie contre son épaule solide. Elle ne souriait pas. Sa petite lèvre attentive et réfléchie cachait le trou de la dent.

L'homme est reparti très vite, les larmes aux yeux, en ajoutant :

– J'en ai déjà quatre, et je fais la route tous les jours, sinon...

La gamine n'a jamais plus franchi les grilles du château.

Je me suis sentie terriblement nulle.

Depuis des mois, on pensait avoir tout essayé. Et voilà que cet homme sans études, sans culture, qui n'avait pas appris la psychologie, qui n'avait pas suivi les réunions, les dissertations, les conférences sur le problème des enfants déracinés ou en manque d'affection, cet homme simple avait laissé parler son cœur, et il avait trouvé les mots.

Après coup, tout cela m'a paru si limpide! Si naturel! « Laisser dormir les mamans qui ont souffert! » Sa maman ne l'avait pas laissée, pas abandonnée, elle avait trop souffert, et elle devait dormir.

Quel réconfort merveilleux pour une enfant qui ignorait ce qu'était la mort et qui ne ressentait que l'abandon et la séparation. Il a même su lui rendre un peu d'espoir :

– Reste ici, ne te sauve plus, si la chance te sourit un jour sois là pour la saisir.

Peut-être pensait-il à ses propres enfants, qu'il n'avait pas vus depuis plusieurs jours. En tout cas, il a su la convaincre de rester dans le seul endroit raisonnable pour elle.

J'ai retenu la leçon du routier. Elle n'est dans aucun manuel, mais elle est si efficace.

« Tu veux une maman? Eh bien, reste là! Sois au moins là quand elle viendra! »

« Tu n'as pas de courrier? Eh bien, viens apprendre à écrire. Ensemble on enverra des lettres, et tu auras une chance qu'on te réponde! »

On ne peut pas parler de situations d'avenir aux enfants en détresse. Ils s'en foutent. Le présent est là tous les jours, et il est déjà bien assez difficile à vivre !

Michèle n'avait pas peur des risques de la circulation. Au contraire, qui sait ce qu'il peut y avoir dans la tête d'une enfant de quatre ans qui veut rejoindre sa maman dans les cimetières ?

Les gosses à qui je donne des cours tous les jours se moquent éperdument de savoir ce qu'ils feront dans dix ou quinze ans et s'ils auront besoin de lire ou d'écrire pour cela. Par contre, ils sont tous d'accord pour apprendre, afin de correspondre avec l'extérieur, d'essayer de renouer des contacts, de faire savoir qu'ils existent et de demander qu'on ne les oublie pas.

Même si elle ne se sauve plus, le problème de Michèle n'est pas résolu. Elle a transformé ses fugues en questions, toujours les mêmes, qu'elle pose toujours sur le même ton sans même écouter les réponses. Elle attend, elle espère une « maman pour elle ». Elle parle toujours aux objets, les plus dérisoires, les plus simples aussi, car elle n'a jamais rien. Comme elle n'a pas de visite, le « Carambar du siècle », que les autres partagent rarement, n'est pas souvent pour elle. Le petit pantalon à la mode, le petit jouet en peluche ou en plastique, elle ne l'a jamais non plus.

Ce matin, c'est avec son petit bout de bois qu'elle est en grande conversation, celui qu'elle ne quitte jamais, celui qui fait des dessins magiques dans la poussière. Comme elle marche devant moi, je n'entends pas trop bien ce qu'elle dit. Elle parle de Jacky. Un grand, il a dix ans! Il pleure toujours. Elle le console souvent :

– Pleure pas! Tu vas aller en « ouikène »!

Et, pourtant, elle n'y va jamais, elle, en « ouikène ».

Une fois pourtant j'ai bien cru, mais...

C'était à Noël. Noël dernier.

Les enfants étaient agités comme des crabes dans un panier. Un rien déclenchait la bagarre. On m'a dit que cette effervescence nerveuse existe aussi dans les prisons à l'approche de la libération. Cela s'appelle « la fièvre des départs ».

Certains étaient tout excités à l'idée d'une éventuelle sortie; les autres, aigris et déçus par la certitude de rester.

– Maîtresse! Ma mère m'a écrit, je vais chez elle pour les vacances! Elle a une nouvelle maison, et j'ai un nouveau père qui m'attend!

– S'pèce de con! L'année dernière aussi, elle t'a écrit, et elle est même pas v'nue t'chercher! C'est rien qu'une grosse coche, moi j'te dis!

– Et la tienne, c'est rien qu'une putain! Elle est peut-être pas venue me chercher, mais elle m'a écrit! Toi, ça fait trois ans qu't'es là, elle t'a jamais écrit!

– Qu'est-ce que ça peut t'foutre! D'abord, j'veux même pas y aller!

Il fallait essayer d'empêcher les empoignades autres que verbales, pour limiter les bleus et les bosses. Tout le monde était débordé. A la lingerie, on recousait les boutons, on repassait les pantalons, on réparait les accrocs... Michèle faisait partie du petit groupe de chanceux pour lesquels on avait trouvé une famille d'accueil pour les fêtes. Elle allait et venait, en proie à une émotion et à une excitation grandissantes. Elle en était à sa troisième tenue vestimentaire, et sa monitrice avait les nerfs à bout. Elle l'avait menacée :

– Si tu te salis encore, tu ne pars pas; je n'ai plus rien à te mettre.

Je rangeais mes affaires avant de partir, moi aussi, en congé, et elle était venue me rejoindre dans ma classe toute décorée de guirlandes en papier. La seule chose qui me restait à faire c'était d'arroser les plantes. Trop risqué pour elle!

Assise sur une table (autorisation exceptionnelle), elle suçotait son pouce pour tromper son impatience. Elle avait relevé se jupette bleue pour ne pas la salir et contemplait avec admiration les petits collants blancs qui descendaient dans ses souliers vernis. Je me souviens que je me sentais presque aussi émue qu'elle. Quelqu'un allait venir la chercher! Depuis le temps qu'elle attendait ça!

Enfin la dame est arrivée. Une petite fille lui tenait la main. Habillée à la dernière mode, elle toisait Michèle d'un air méfiant. J'ai le cœur qui se serre encore en y pensant.

Michèle s'est tournée vers moi; sa lèvre tremblante a découvert le trou dans sa bouche. Elle a blêmi. Elle a regardé tour à tour la dame imposante dans son beau manteau d'hiver, la petite fille à la mode et s'est tournée vers moi. J'ai essayé de comprendre :

– Eh bien, la puce, qu'est-ce qui ne va pas ?

C'est alors qu'elle a hurlé :

– Non !

Elle s'est enfuie en claquant la porte, et, pendant qu'elle traversait le couloir en courant, je l'entendais, entre ses sanglots, crier et appeler : « Maman ! »

La monitrice qui escortait la dame l'a emmenée chez la directrice, et j'ai rejoint Michèle effondrée sur la pelouse.

– Ta robe va être toute sale, et tu as le nez qui coule !

Son sourire est revenu presque aussitôt, comme un arc-en-ciel après la pluie. Un coup de manche vigoureux a essuyé d'un même élan le sourire et le nez sale.

Elle s'était effondrée, bébé désespéré ; elle s'est relevée, petite femme résignée, le cœur lourd. Noël était fini pour elle.

– J'vais rester avec ma copine Martine et avec ceux qui partent pas.

Elle a mis sa main dans la mienne, inquiète soudain des conséquences de son refus.

– J'vais m'faire engueuler !

Je suis descendue avec elle jusqu'au château.

– Mais non, ne t'inquiète pas, la puce, on ne te dira rien.

Et alors, là, comme si ça ne suffisait pas, nous avons croisé la copine Martine, une petite brune boulotte, qui courait vers le dortoir de toute la vitesse de ses petites jambes :

– J'me dépêche! La madame m'attend! Paraît qu't'as pas voulu y aller? J'pars à ta place!

J'ai eu envie de crier, de battre et de mordre. D'oublier le foyer, la DDASS et tous les règlements, de prendre la gamine contre moi et de m'enfuir. Michèle, elle, a essayé de fanfaronner entre deux sanglots :

– M'en fous, alors!

Sa main serrait très fort la mienne, et j'y sentais tout son désespoir et tout son abandon. Les larmes coulaient, lourdes et bleues, sur ses joues.

Une monitrice l'a emmenée faire des courses dans les grands magasins. Pansement provisoire pour quelques heures.

Je crois que, jusqu'à mon dernier Noël, j'entendrai les sanglots du désespoir de Michèle.

En partant, ce soir-là, j'ai retrouvé au-dehors l'ambiance excitée des départs. L'exaltation de ceux qui avaient assez de forces pour rêver et pour accepter d'être, durant quelques jours, l'enfant provisoire d'une famille d'accueil. De se tremper quelques jours dans le confort affectif des autres pour retrouver ensuite leur solitude coutumière. Les plus chanceux, ceux qui avaient la chance d'être repris par un des leurs, avaient bien du mal à dissimuler leur joie.

Les autres, je pouvais les repérer de loin. Ils traversaient d'un pas nonchalant l'allégresse générale. Il ne leur restait que cela : l'indifférence affichée, la désinvolture de circonstance.

Michèle est toujours là, petite fille barbouillée de chagrin de Noël. Elle a refusé d'être une enfant provisoire.

Elle demande toujours, comme elle l'a encore fait ce matin, si on a trouvé une maman pour elle, mais, depuis sa sortie manquée pour les vacances, elle n'attend plus la réponse que je ne peux pas lui donner. Car maintenant elle et moi, toutes les deux, on sait. On sait que la seule maman qui aurait pu l'aimer comme elle le souhaite, qui l'aurait trouvée belle et dont elle aurait été la petite fille pour toujours, dort quelque part dans le « cimetière des mamans ».

On dit que la souffrance des autres endurcit. Qu'on s'y fait. Eh bien, moi, je n'y arrive pas. Sa question sans réponse m'attend tous les jours, et me frappe de plein fouet.

Ce matin encore, j'ai mal à la regarder discuter avec son petit morceau de bois.

Les prisonniers comptent leur temps. Celui qui est fait, celui qui reste à faire. Toi, petite Michèle, combien de temps vas-tu encore venir me poser ton éternelle question ? Combien de temps vas-tu venir essuyer sur moi ton petit nez sale et tes restes de petit déjeuner collants ?

On me dit souvent quand je parle de toi :

– Tu n'as qu'à la moucher !

Mais moi, je suis sûre d'une chose : si on les mouche avant, ces gosses-là, ce n'est plus la peine de les embrasser.

Le cordon ombilical

Je le vois arriver à l'école un matin, cramponné à la main d'une éducatrice. Dix ans, rond, grassouillet, les cheveux un peu trop longs et bouclés, de grands yeux bleus, avec des cils immenses, propre comme un sou neuf et pleurant comme un bébé en suçant son pouce. Le gosse superbe, nanti de vêtements, d'objets personnels ; le gosse qui a tout.

Il a l'air d'un ange. C'est drôle de voir arriver chez nous un gamin gâté à ce point. Mais « gâté » est un faible mot. Jacky est un handicapé aux blessures invisibles, sinon qu'il a du mal à marcher. Ces jambes devraient le porter pourtant, elles sont normales, ses jambes, il est même un peu grand pour son âge. Pourtant il se laisse traîner par l'éducatrice comme s'il avait du mal à tenir debout.

Il me regarde affolé, terrifié même, les autres enfants autour de lui doivent lui paraître des monstres. Ils jouent déjà avec sa peur, se moquent de lui, de son pouce qu'il ne lâche pas, de son air de grand bébé pleurnichard. Je devine immédiatement qu'il va leur servir de souffre-douleur. Une aubaine pour eux, une proie facile. Pas le genre de gosse qui va leur taper dessus, cracher, résister, combattre. Il est battu d'avance.

L'éducatrice me prend à part pour m'expliquer le problème.

– Sa mère l'élevait encore au biberon à dix ans. Elle lui mettait des couches, le promenait en poussette, il a fallu le lui retirer. Elle l'aimait trop.

Ce gosse est un cas rarissime. J'en ai connu deux comme lui en vingt-deux ans. L'autre s'appelait Ouassimé, il avait huit ans, il était arabe. Sa mère nous l'amenait tous les matins en le portant dans les bras. Au début, nous pensions qu'il ne marchait pas. Dès le troisième jour d'école, la mère est venue se plaindre que les petites filles battaient son bébé. Il a fallu éduquer la mère autant que le gosse, les installer à la cantine, apprendre à donner la cuillère, apprendre à lire, à écrire. Ouassimé s'en est bien tiré, il a maigri, lâché le biberon, et maintenant ce serait plutôt lui qui bat les petites filles.

Mais Jacky, c'est plus grave. Que faire de lui dans une classe, alors qu'à dix ans il est à peine capable de descendre de sa poussette. Il refuse la nourriture; son estomac n'est pas habitué aux plats de la cantine. Il hurle, pleure et réclame sa mère, dont il a un besoin viscéral. Le cordon n'est pas coupé entre eux. On peut presque le voir, car la mère est là, tous les jours, plantée derrière la grille du château, agrippée aux barreaux. On lui a retiré son poupon du jour au lendemain; il le fallait bien, mais elle n'a pas compris la condamnation. Qu'on essaie de lui expliquer seulement une seconde qu'elle est trop possessive, qu'elle fixe son enfant à sa propre personne et l'empêche ainsi de diriger son intérêt affectif sur d'autres, qu'elle est névrosée, malade d'amour, bref, qu'il faut la soigner, elle s'accroche aux grilles, pauvre petite chose brisée qui sanglote de ne plus pouvoir bercer son nouveau-né, ce bébé qui s'obstinait à vouloir marcher tout seul et débordait de ses couches culottes.

Les gamins s'amusent de Jacky comme prévu, parce qu'il refuse le bifteck, s'étrangle avec la purée et réclame sa mère à pleins poumons. Sans même la force ni la volonté de s'échapper. On le croirait cloué au berceau pour l'éternité.

– Hé, t'as vu la gueule du nouveau ?

Il reçoit les fusées et les cocottes en papier sur la tête, on lui dévisse son stylo pour que l'encre s'écoule, qu'il pleure et se barbouille de larmes bleues, noires ou violettes.

Je le regarde chialer derrière son petit bureau, désemparé par la vie qui lui cogne soudain dans la figure. La réalité des choses, des êtres, des autres. Je l'imagine en train de se débattre, pris au piège dans le ventre de sa mère, étouffé par cette saleté de cordon qu'elle n'a jamais coupé d'un coup de dents. La dernière des louves malades en est pourtant capable.

Jacky fait dans son pantalon ; elle ne lui a pas appris à se retenir, à attendre, à demander. Il ne sait pas dire comme les autres, d'un petit air faussement autoritaire : « Maîtresse ! je vais pisser ! » Chaque fois, je leur réponds que l'on ne va pas

« pisser », on va aux toilettes; mais ils vont pisser quand même. Pas lui. Il reste là jusqu'à ce que la mare s'étale, et il pleure. On lui a retiré sa dernière couche le jour de son départ pour la DDASS. Il doit savoir qu'il n'en a plus besoin, mais reste le problème de l'affrontement, de la demande formulée à voix haute, du doigt qu'on lève. Il sait que, s'il ouvre la bouche, les autres vont se moquer, rire. Je n'entends pas sa voix. A longueur de journée, je n'entends que ses larmes.

Je lui donne un crayon et un papier mais il n'ose pas dessiner. Il observe les objets dans ses mains d'un regard complètement perdu. Moi aussi, je suis perdue. Paniquée. Le mode d'emploi n'est pas évident. Si je le protège des autres, ils vont le prendre en grippe encore davantage, et si je le console trop, le cercle infernal dans lequel sa mère l'a entraîné va se poursuivre. En fait, il n'y a pas d'autre solution que de l'obliger à sortir de ses langes tout seul au milieu des autres en l'aidant du mieux qu'on peut. Le mieux, par moments, c'est un sourire et un encouragement :

– Vas-y, dessine-moi quelque chose.

Mon seul sourire le fait fondre en larmes. Alors, je vais vers lui, je prends sa main, je l'aide à commencer le dessin. Un premier trait, ma main guidant la sienne, pour lui donner doucement l'envie de continuer tout seul. Il y parvient et me regarde avec des yeux pétillants de bonheur. Je dois revenir vers lui pour contempler l'exploit, le féliciter, l'encourager. Reprendre le crayon, guider sa main à nouveau et ainsi de suite, jusqu'à ce qu'il parvienne à le prendre tout seul, ce crayon. Ça fonctionne comme la cuillère de bouillie après le stade du biberon. « Ouvre la main... Ouvre la bouche... Mange... Dessine... Avale... Bravo ! c'est bien. » Un jour, il avalera tout seul. Un jour, il viendra montrer son dessin tout seul. En attendant, il faut lui donner confiance en lui, l'entraîner dans la plus petite tâche quotidienne, pour qu'il parvienne à l'achever.

Il n'est jamais allé à l'école. Qui croirait que, de nos jours, une chose pareille soit possible ? Dix ans de berceau, de langes, de poussette et de biberon avant que quelqu'un se préoccupe de cet enfant ? Normal. Il faut un temps fou pour qu'on enlève un enfant maltraité à sa famille. Un enfant qui subit des sévices pourtant, qui porte des marques de coups, que des voisins finissent par dénoncer. Pour qu'on enlève à sa mère un enfant qui ne subit aucun mauvais traitement, qui est dorloté, aimé à la folie, il faut encore plus de temps. Je sais des enfants qui vivent actuellement dans un coin de campagne, sans scolarisation. Les flics viennent voir une ou deux fois par mois, on menace de retirer les allocations familiales, les parents s'en foutent. Ils élèvent deux poules ; on mange ce qu'on peut, sur le mode « quand il y en a pour un, y' en a pour dix ». Et ça dure. Le temps dure. Mais le temps est toujours trop long quand il s'agit d'enfants.

Jacky doit récupérer quatre ans de scolarité et

dix années d'éducation. Et ce n'est pas facile avec cette mère qui pleure, chaque jour que Dieu fait, à la grille du château. Ce n'est pas facile au milieu des autres gosses, parce que tout ce que tente Jacky est ridiculisé par eux, et tout ce qu'on tente pour lui est pris à parti. Si je ne l'aide pas, il ne fait rien. Si je l'aide trop, les autres se moquent. La classe retentit de sarcasmes :

– Hé, regarde le grand cornichon, il va pleurer ! Allez, Jacky, fais la risette à maman...

Et ça marche à tous les coups. Il éclate en sanglots. Ou pisse dans sa culotte.

La DDASS n'est pas une structure faite pour lui, il n'y est pas à sa place ; mais il n'y a rien d'autre pour accueillir un enfant comme lui. L'isolement ne serait pas une bonne chose. Il a déjà été coupé de la vie extérieure pendant dix ans. Il y a bien le psychiatre pour enfants, il est là pour tous les gosses, et le cas de Jacky est immense. Mais il n'est pas prêt au dialogue. Même pas prêt à l'accepter. Je crois qu'il faut tout reprendre à zéro, au stade où il en est resté, et le sortir doucement de ses langes.

Souvent je le garde avec moi pendant la récréation, pour le protéger un peu et lui apprendre les autres. Je lui explique que les caïds qui jouent dans la cour, qui rient si fort, qui crient si fort le font bien souvent pour ne pas pleurer. Qu'ils se moquent de lui, Jacky, pour ne pas se moquer d'eux-mêmes.

Je lui raconte l'histoire de ce gamin, là-bas dans la cour, qui hurle de rire, toujours plus fort que les autres. Lui, à la place des bonbons, il recevait des coups de pied. A la place d'une cuillère de bouillie, une brûlure de cigarette. Et maintenant il a tellement mal à l'intérieur de lui, ce gamin-là, qu'il rit fort, comme Jacky pleure fort. Pareil.

Jacky comprend, j'en suis sûre. Il ne répond pas, il se contente d'écouter ou de pleurer. Mais la lente reconstruction a commencé. Il est tellement soumis. Il fait tout ce qu'on veut. On lui donne une page d'écriture, et il s'applique en tirant la langue ; il me fait penser à Babar s'appliquant sur sa page d'écolier. Il dessine tout ce qu'un gosse de quatre ans ferait à la maternelle, des montagnes de choses, des voitures, des maisons, des bonshommes ; rien de personnel. Il ne dessine jamais sa mère, par exemple. Jamais. Il la rejette autant qu'il la pleure. Elle lui manque, mais il a compris le rôle négatif qu'elle a joué. Il la réclame en sanglotant, en pleurant « maman », mais c'est tout. Il ne dit jamais qu'il veut aller la voir ni qu'il veut aller en week-end. Et pourtant il y va. Il a cette « chance » que les autres n'ont pas tous : une mère qui l'attend. Il en revient complètement anéanti. Chaque retour donne l'impression qu'il arrive chez nous pour la première fois et que tout est à recommencer dans la semaine.

Et tout recommence en effet quand la grille se referme. Cette mère qui pleure de l'autre côté, obstinément, c'est terrible pour lui. Il me fait penser aux singes qu'on vient d'enfermer et qui regardent les spectateurs. Seulement il n'a qu'un spectateur, et c'est sa mère. Quand on les regarde tous les deux, chacun de son côté de la grille, on ne sait pas trop si c'est Jacky qui est enfermé à l'intérieur ou si c'est sa mère qui est prisonnière dehors. Prisonnière de son amour, de sa folie.

Parfois, un éducateur essaie de la calmer ; on lui demande de ne pas rester là, d'attendre le week-end. Moi, je me sens incapable de communiquer avec elle. J'ai peur. Que dire à une femme à qui on a enlevé son petit, alors qu'elle est bien intentionnée ? Elle aime, et c'est son crime.

On a beaucoup de mal à dialoguer avec une mère qui torture son gosse, mais c'est pire avec celle-ci. Je n'ai jamais entendu parler d'un mari ni du père. Elle est seule, ratatinée, abîmée par la vie et la souffrance. Une vieille femme, qui dorlotait un poupon. D'où lui vient cette souffrance inconnue ? On ne sait rien d'elle, de ce qu'elle a vécu avant. Elle est juste là, derrière ses barreaux. J'imagine qu'elle doit trembler en permanence en tricotant des brassières à longueur de nuit pour cet unique enfant qu'on a mis de l'autre côté des grilles. J'imagine qu'il a été conçu lors d'un bref passage, on a dû abuser d'elle et lui laisser cet enfant : tout ce qu'elle a au monde, tout ce qui lui reste d'un mauvais geste, peut-être. Je n'en sais rien, mais en la regardant je n'imagine que cela. Elle est destructrice, pour Jacky, pour elle, pour moi, pour tout le monde. Destructrice à force d'amour et de détresse.

Elle apporte des friandises comme pour essayer de compenser ce qu'on leur fait subir à tous les deux. Jacky prend les paquets de bonbons, les gâteaux. Au début, il les gardait jalousement comme un trésor, mais les autres les lui piquaient. Alors, progressivement, il s'est mis à en donner à ceux qui n'en avaient pas. Maintenant, il partage. Surtout avec Michèle, ma morveuse, mon sourire avec un trou. C'est important pour elle qui n'a rien. Elle attend désormais, comme un Noël quotidien, ce que Jacky va rapporter de la grille. Un quelque chose qui vient de dehors, de l'extérieur. Elle qui cherchait une maman partout, jusque dans le « cimetière des mamans », elle voit bien que celle-là vient pour Jacky. Et c'est bouleversant pour elle de réaliser qu'il n'a pas le droit d'aller la rejoindre. C'est troublant dans sa tête. Comment comprendre ? « Moi, je cherche une maman, j'en ai pas. Lui en a une, elle est là, et défendu de la voir ! »

Chaque fois que Jacky pleure, et c'est fréquent, la petite Michèle le console :

– T'en fais pas, t'iras en « ouikène ».

Et, comme il la domine d'une bonne tête, elle se soulève sur la pointe des pieds pour l'honorer de son bisou barbouille. Je les observe parfois, comme un couple représentatif des enfants d'ici. Opposés en tout, démunis chacun de choses différentes, et pourtant réduits au même abandon, se consolant l'un l'autre. Ce sont des moments où j'ai envie d'exploser, de cogner partout. Je trouve ça complètement fou. Ce gosse avec sa mère qui hurle comme une chienne à la grille, et l'autre qui n'en a pas, qui la cherche partout. Il n'y a pas de bonne solution.

Progressivement, la mère de Jacky a fini par admettre la situation. A force de patience, les éducateurs ont réussi à lui faire comprendre qu'elle faisait de la peine à son fils. Ça a pris du temps, mais, au fur et à mesure qu'on lui a fait voir que Jacky pleurait quand il la voyait en larmes tout près de lui, elle a fini par associer les pleurs de son fils à sa présence derrière la grille. Il n'y avait pas grand-chose qui permette de le lui faire comprendre autrement. Cela a duré plusieurs mois.

Puis Jacky a commencé à écrire et à lire. Et à sourire en même temps. Il a fait les lettres de l'alphabet en s'appliquant, il les a reliées. Il a écrit, mais toujours ce qu'on lui demandait. Une obéissance totale. Jamais rien de personnel. Jamais une lettre à sa mère. Il me donnait l'impression de vivre deux mondes. En rentrant chez lui, il retrouvait le monde du pouponnage, mais, progressivement, il a inversé cette relation, et il s'est mis à materner sa mère. Il lui rapportait ce qu'il avait fait à l'école. Tout ce qu'il faisait, c'était pour elle.

Un jour, j'ai compris qu'il avait vraiment évolué. Depuis quelque temps, il se renfermait sur lui-même, et il m'a dit comme ça, tout de go :

– Il y a des enfants qui sont ici pour quelque temps, qui vont retourner chez eux quand leurs parents seront mieux, quand ils seront sortis de prison ou que la famille viendra les chercher, mais moi, je resterai ici à perpète.

Je crois bien qu'il a dit « à perpète ». Il y a tellement d'enfants ici qui utilisent cette formule. Ils sont « condamnés à perpète ». Ils sont là « à perpète ».

Ils ont tous besoin d'une mère. Tous, même les plus battus, même ce gosse, revenu un jour avec des points de suture, cadeau de sa mère et qui la réclamait à tue-tête. Ce manque, ce besoin, cet acharnement à conserver la mère me fascinent. Les parents ont beau être destructeurs, physiquement ou moralement, les enfants ont besoin d'eux. C'est eux qui leur permettent d'exister, d'avoir un lien, une identité – comme le lieu où ils sont nés et où ils ont grandi –, même s'ils sont nocifs. L'identité de Jacky, c'est sa mère, à perpète. Et la DDASS, à perpète. Il le sait, et il a raison.

Il est quand même moins malheureux, si l'on peut dire, que ces gosses qui ne savent pas d'où ils viennent, qui recherchent constamment des parents qu'ils n'ont pas connus, à qui il manque l'origine, le départ. Quand ils viennent me demander de les aider, je leur dis souvent :

– Méfiez-vous, vous risquez de découvrir quelque chose qui vous blesse encore plus que l'incertitude.

Mais ils me répondent :

– Il n'y a rien de pire que l'incertitude. Je veux savoir ; même si ma mère se balade rue Saint-Denis, même si c'est une ivrogne mal foutue, sale, je veux savoir.

Ils arrivent à aimer même un déchet, comme on dit, même un monstre non pas pour ce qu'ils sont, mais pour ce qu'ils aimeraient qu'ils soient.

La mère de Jacky, cette caricature de mère, il ne

s'en débarrassera jamais, parce qu'il l'aime. Il est condamné à perpète.

Je l'ai perdu de vue quelques années, puis je l'ai retrouvé. Il était toujours au château ; il avait quinze ans. Je l'ai regardé de loin, il marchait d'une façon étrange en avançant le cou comme une poule, il se promenait dans la cour en balançant ses jambes en avant, très loin. Il était grand, mince, il avait beaucoup changé : le visage s'était creusé, les traits affinés ; il était toujours beau.

Je n'ai pas eu le courage de lui parler. Ce qu'il devenait progressivement, je ne le voyais que trop. Un gamin de la DDASS, isolé dans un monde perdu, avec ses souvenirs. Il se sentait condamné, il l'était.

Jacky, c'est l'un de ces gosses dont je me suis dit que rien ne pouvait les sauver. Certains s'adaptent à une mère nouvelle, à une famille nouvelle, ou à la solitude définitive. Lui, il était encombré. Encombré d'une mère qui ne l'abandonnerait jamais et que lui-même n'abandonnerait jamais. Elle le condamnait à elle à perpète. Même morte, elle resterait son origine. Une mère poule d'éternité.

Pas de solution. Et il arpentait la cour avec sa curieuse démarche, sans espoir de fuite, condamné par l'amour de sa mère. Cela m'a bouleversée.

Je me souviens de ce texte d'Henri Laborit, dans l'*Éloge de la fuite* justement, qui disait à propos de l'amour : « C'est un mot qui ment à longueur de journée. Il fournit une tunique honorable à l'assassin comme à la mère de famille. »

Tête baissée, les mains dans les poches

On vient de me confier Alexandre ce matin. Il est tout rond. Visage rond, sourire rond, yeux ronds qui expriment une surprise perpétuelle. Un étonnement d'être là, d'être en vie peut-être. Après tout, ce gosse est un survivant de dix ans. Il est doux, très doux, dans les gestes et dans la voix. Il n'a pas d'écarts de langage, ne s'emporte pas : il est même trop calme.

Le sourire rond, presque machinal, s'est éteint. Il attend sans parler, me dévisage dans l'attente d'une proposition. Je lui suggère d'écrire un texte et de l'illustrer. C'est ma technique habituelle, au début. Ne pas les fatiguer trop avec des activités scolaires. « Assieds-toi et travaille », c'est l'horreur pour un gosse qui arrive déglingué. Et ils arrivent tous déglingués, au château.

Alexandre est orphelin de mère. Son père fait une déprime dans un hôpital. Pour l'heure c'est tout ce que je sais de lui. Il ne devrait être qu'un passager chez nous. Ses parents formaient un couple très uni : on m'a dit que la mère était fonctionnaire ou secrétaire et que le père occupait un poste important. Ces gens avaient une vie normale, installée, de quoi vivre dans un pavillon confortable : une belle voiture, un jardin, un fils unique. Du jour au lendemain, le tissu de cette vie s'est déchiré. La mère, morte, le père, qui ne le supporte pas, enfermé en psychiatrie, et le gosse, là, devant moi, propulsé dans l'univers de la DDASS. On lui a expliqué que lorsque son père irait mieux, il le reprendrait en week-end de temps en temps. Il a donc un immense chagrin et un immense espoir, ce gosse.

Il dessine. Je me penche, j'essaie de comprendre. Il y a une route, ou un chemin, et une femme étalée, avec du sang qui coule d'elle. Une voiture complètement esquintée à côté.

Je commence à comprendre que sa mère a dû mourir dans un accident de voiture. Le deuxième dessin est exactement le même, mais il y a un petit garçon près de la voiture.

Et les dessins vont défiler ainsi, durant des jours et des semaines. Parfois, le petit garçon est dans la voiture, on devine sa tête; parfois, il est à côté ou sur la route. Je ne vois jamais le père. J'ai l'impression qu'Alexandre a gardé un souvenir assez net du drame pour le reconstituer sur le papier, mais qu'il n'a pas réalisé véritablement ce qui s'est passé pendant l'accident. Il se situe où il peut, oublie le père, qui devait conduire, mais n'oublie jamais le sang sur la route.

Des dizaines et des dizaines de fois, la même image. Lorsque je déclare aux enfants pour les calmer un peu : « On dessine! », je n'ai plus besoin de me pencher sur l'épaule d'Alexandre pour savoir ce qu'il fait.

Pas de question. Les questions sont hors de question. Il se parle à lui-même avec cette tragédie sur papier aux crayons de couleur. J'aimerais bien qu'un jour il me dessine un mouton, bien sûr. Mais il faut attendre que le deuil fasse son chemin dans le regard rond, que l'image s'estompe, qu'une autre la remplace.

Alexandre ne pose pas de problème en classe. Il n'a pas de retard comme les autres, il suit le programme de CM1 et CM2 avec régularité. Il attend son père. Et il écrit de superbes textes libres. Celui dont je me souviens le mieux correspond à la première sortie de son père. Le texte débute par le récit d'un jeu qu'il a commencé avec ses camarades, un jeu de société quelconque, et se termine soudainement par ces mots :

« Je ne sais pas qui a gagné la partie, parce que, à ce moment-là, mon père est venu me chercher, et je suis couru vers lui, tout content de joie. »

Je me souviendrai toujours de cette phrase. Des années après je revois l'écriture, le stylo à bille bleu et la petite merveille de poésie : « Je suis couru vers lui, tout content de joie. »

Pour faire mon boulot, je lui dis quand même :

– Alexandre, ta phrase n'est pas correcte. On ne dit pas « je suis couru », mais « j'ai couru ». Pourtant, on ne va pas la changer sur ton devoir, je la trouve plus jolie comme ça.

Sourire rond d'Alexandre en remerciement. Ce gamin orphelin me fait l'effet d'une petite boule de bonheur brisée, qui a gardé la rondeur et l'espoir. Et j'espérerai avec lui quelque temps.

Le père vient assez régulièrement, au rythme de ses sorties de l'hôpital. J'ignore où il en est dans sa grave dépression, mais on voit au regard de cet homme qu'il n'a pas retrouvé le calme. Il gâte son fils, il lui apporte des vêtements, des friandises, ce qui provoque des petites scènes de jalousie de la part des autres, de ceux qui n'ont rien, jamais rien de rien, que les minables petits jouets en plastique que je récupère au supermarché de mon coin pour les distribuer. On imagine mal le regard de malheur que provoque un Carambar dans la bouche d'un gosse.

Alexandre partage d'ailleurs sans trop d'histoire. Il est tellement différent, déplacé, encore nanti : il a un père, une maison quelque part, il n'appartient pas vraiment à la troupe des « perpète ».

Quel calme ce matin ! Les enfants sont rassemblés près du gros arbre de la cour, celui des palabres. Ils n'ont même pas entendu arriver ma voiture. Ils ne se décident à bouger qu'en me voyant progresser vers eux. On dirait qu'ils ont fait une grosse bêtise. Du genre que l'on va m'expliquer de tant de manières que je n'en débrouillerai jamais vraiment le fil... A moins qu'ils ne viennent de régler des comptes entre eux. Comme si j'arrivais à la fin d'une bagarre, d'un conflit à propos de je ne sais quoi. Bizarre, tout de même. Au fur et à mesure que j'avance, ce silence m'inquiète. Pas un bruit ne s'échappe du petit cercle, pas de cris, pas de heurts, pas de violence ni de disputes. Dans les attroupements de ces enfants-là, il y a toujours des hurlements de colère, des gestes brutaux. Ils se traitent d' « espèce d'enculé » avec une belle énergie vengeresse. Cette fois, rien.

Alors, je m'approche tout près, intriguée. Ils font un cercle autour d'Alexandre. Un cercle rond autour du petit bonhomme rond adossé à l'arbre, assis et blanc comme un cadavre. Des lèvres aussi blanches, c'est effrayant dans un visage d'enfant poupin ; cette bouche exsangue...

Les autres ont pris conscience de ma présence, ils se retournent vers moi, une voix dit :

– Maîtresse, c'est Alexandre !

Formule codée pour signifier qu'il arrive quelque chose à l'un d'eux. Maîtresse, c'est machin ou c'est chose qui est malade ou a volé la corbeille à papiers...

Je pense aussitôt qu'Alexandre est malade.

– Qu'est-ce qui t'arrive, bonhomme ? T'es malade ? Qu'est-ce qui ne va pas ?

La veille, il était bien. Il s'exprimait normalement, comme un enfant. Mais sa voix a changé ce matin, une drôle de voix encore plus calme que d'habitude, sans pleurs, sans colère, plate, vidée de tout.

– Non, je suis pas malade.

– Alors, qu'est-ce qui ne va pas ?

Il me répond sans se faire prier, sans bouger, le regard fixe, d'une voix monocorde :

– Mon père était en retard hier, pour venir me chercher. Alors, le moniteur a pris la voiture et il m'a emmené chez moi. La voiture de mon père était dans l'allée, alors je suis entré, et mon père était là, pendu dans l'entrée. Il est mort, je suis tout seul.

Je reste sans voix. Il a débité sa phrase comme une constatation, un rapport. Comme une machine, ou un robot. Il n'ajoute rien d'autre à ce constat de néant. Il vient de réaliser là, devant moi, en quelques secondes, qu'il a tout perdu, tout ce qu'il possédait. « Il est mort et je suis tout seul. »

Et les autres tout autour, en cercle, le regardent différemment, parce qu'il est devenu soudain le plus démuni d'entre eux. Il n'a plus rien, mais surtout plus aucun espoir. Certains gosses ont encore un père ou une mère. Étant donné l'état du père ou de la mère en question, il vaudrait peut-être mieux qu'ils n'en aient pas ; mais c'est là, pourtant, que se fait la différence, avec celui qui n'a rien de rien. Même s'ils n'ont qu'une catastrophe ambulante auprès d'eux, c'est toujours quelqu'un.

On dit que les enfants de neuf ou dix ans ne prennent pas conscience de la réalité de la mort. C'est possible, sur le coup. Mais Alexandre a forcément réalisé. Sa mère, morte sur la route deux ou trois mois plus tôt, il a eu le temps d'y penser ; de prendre conscience de l'irréversibilité de cette mort. Il l'a tant et tant de fois reproduite, comme un constat matériel. Durant les premiers jours, il paraissait avoir oublié. Il riait dès le lendemain de son arrivée, comme un enfant de son âge qui reprend le dessus, mange, boit, joue, continue à vivre. Mais, pendant ce temps, il faisait son travail de deuil, progressivement. Il a compris qu'elle ne reviendrait pas. On le lui a dit et répété : « Elle est morte, elle a eu un accident, elle ne reviendra pas. » Il savait donc qu'il ne vivrait plus jamais certaines choses avec elle, les petits câlins du soir, dans le lit, les petits mots entre eux, les gestes. Tout s'estomperait, et il ne resterait que l'oubli. Je l'ai vu accomplir ce travail de deuil. De temps en temps, au dortoir, il s'offrait des crises de larmes, des moments de désespoir. Mais, dans la journée, il parvenait à vivre comme les autres.

Aujourd'hui, c'est le choc définitif. D'un coup, il est devenu adulte. Il a réalisé de façon différente.

Il est seul, c'est vrai. Assis là, contre le grand arbre de la cour. Il ne dit plus rien. Ce sont les autres qui demandent :

– Qu'est-ce qu'on fait ?

Ça, c'est terrifiant. Cette situation devant laquelle on ne peut rien. Ce groupe de gamins chargé d'espoir, tous ces yeux tournés vers moi, qui me regardent comme si j'étais la magie personnifiée, qui se disent : « Elle, elle va pouvoir faire quelque chose. » Alors qu'on se sait totalement impuissant. Je suis impuissante. Alors, je reste sans voix. Mon silence grossit celui des enfants. Ils font bloc autour d'Alexandre, ils font corps avec lui, réellement respectueux de sa souffrance, chacun oubliant la sienne pour lui offrir le peu de force qui lui reste. C'est Sandrine qui rompt le silence :

– Moi, j'y ai prêté mon nounours pour dormir.

Un petit bout de femme responsable qui m'explique :

– Mais il a pas dormi. Il est resté les yeux ouverts à regarder le plafond. J'ai regardé avec lui, longtemps, mais je me suis endormie, alors j'y ai dit pardon.

Un autre déclare, comme un cadeau :

– Moi, je lui ai fait un pipeau.

Le silence se met en boule dans ma gorge. Tous les nerfs noués par l'émotion, j'arrive à prendre une décision, en toussant pour éjecter la boule :

– Bon, pas de classe aujourd'hui, on va faire une promenade et acheter des brioches.

Je prends Alexandre par la main; le cercle se défait, les enfants se mettent en ligne, et nous marchons. Au bout de quelques mètres, une gamine chantonne dans mon dos, une autre ramasse je ne sais quoi par terre pour jouer avec, tout le monde recommence à bouger progressivement, comme dans un film arrêté dont le déroulement reprendrait tout doucement, au ralenti, puis à vitesse normale. On se chamaille à nouveau. Alexandre marche sans parler. Je n'habite pas très loin du château, alors je ramène la troupe à la maison et je fais du chocolat.

Une journée particulière.

En rentrant au château, une monitrice vient chercher Alexandre, et il la suit machinalement. Désormais, il assistera aux cours comme un automate. Juste un peu plus blanc qu'avant. Simplement silencieux. Faisant le travail qu'on lui demande, sans même rechigner.

A quelques jours de là, il vient me trouver complètement angoissé, en larmes :

– Je veux pas aller à l'enterrement.

– Si tu ne veux pas y aller, tu n'iras pas. Il n'y a pas de problème.

– Si. Les éducateurs veulent que j'y aille. Moi, je veux pas. Ils vont venir me chercher !

– Eh bien, on va faire du sport. J'ai décidé qu'on ferait du sport tout l'après-midi. Comme ça, ils ne te trouveront pas ! Personne ne pourra t'obliger.

Alexandre s'est habitué à vivre avec les autres. Il se sent lui aussi « à perpète », maintenant. Plus de visite, plus d'espoir, il suit de loin les week-ends des autres.

Et puis, voilà une drôle d'histoire, et une drôle de dame. Après plusieurs mois, elle arrive au château, nous apprend qu'elle est la tante d'Alexandre et demande à élever le gamin. Elle se présente peut-être un peu tard, mais c'est vrai qu'il y a des tas de démarches administratives à faire dans ces cas-là... N'empêche que c'est la sœur du père d'Alexandre et que l'on aurait pu s'attendre à ce que... Bref, je ne veux pas juger. Alexandre non plus, mais il est inquiet :

– Comment ça va être, chez elle ? J'irai à l'école ?

– Ne t'en fais pas trop. De toute façon, si ça n'allait pas, tu pourrais revenir ici avec tes copains.

Je n'ai jamais vu la dame. La tante. J'ai vu partir Alexandre, vers les bâtiments administratifs, avec sa valise.

Deux mois plus tard, il était de retour. Toujours calme, plus triste que jamais. Je le voyais marcher la tête basse, les mains dans les poches, comme plongé dans une réflexion profonde. Il était amaigri, visiblement esquinté. Quand un gosse est esquinté moralement, on peut le voir sur son visage, surtout dans son regard. Même ronds, ces yeux-là n'étaient plus étonnés, mais résignés. Il est resté plusieurs jours sans parler. J'ai mis du temps, moi aussi, à poser la question :

– Alors ? Qu'est-ce qui s'est passé ? Tu ne t'es pas plu, là-bas ?

– C'est pas ça. Ma tante, elle m'a pris parce qu'elle voulait qu'on vende la maison de mon père pour avoir l'argent. Elle a dit : « Tu comprends, il faut t'acheter un lit ; ça coûte cher, un lit ; on n'a pas l'argent pour ça. Si on vendait la maison de ton père, on aurait l'argent. Et puis, il faut payer tes études, et ça coûte cher... »

– Alors ? Comment t'as fait ?

– J'ai dit que je voulais pas vendre la maison de mon père. Un jour, j'habiterai là. Un jour, je retournerai chez moi.

– Qu'est-ce qu'elle a fait, la tante ?

– Ça a duré comme ça un moment, elle voulait, moi je voulais pas. Y avait une histoire de tutelle, j'ai rien compris. Finalement, elle m'a dit : « Si tu veux pas, t'as qu'à retourner à la DDASS. » Et elle m'a ramené.

Renseignements pris, j'ai su qu'Alexandre étant déjà sous tutelle de l'État la tante avait pris un avocat pour être nommée tuteur légal de ses biens. J'ai su également la raison avancée pour son retour : « Cet enfant a un problème de comportement. »

J'étais écœurée. Écœurée par la souffrance supplémentaire que ce gosse avait subie. Il venait de tout perdre, elle lui a offert quelque chose qui ressemblait à de l'affection, un foyer et elle l'a rejeté. Écœurée. J'ignore si cette femme avait réellement des problèmes matériels. Tout ce que je sais, c'est qu'on ne fait pas ça à un gosse.

Alexandre a bien compris. Cette fois, il est définitivement devenu adulte, à dix ans. Il a tout vécu en quelques mois, ce bonhomme tout rond, devenu tout maigre. Que lui dire ?

– Tu n'as rien perdu. Elle ne t'aimait pas, elle voulait de l'argent. Tu rencontreras d'autres gens qui seront sincères. Plus tard. Tu as bien fait de revenir ici.

Je ne sais plus combien de temps il est resté ici. Il s'est fondu dans la communauté. Je le voyais marcher dans la cour, tourner autour de l'arbre et repartir, tête baissée, mains dans les poches, comme un petit penseur.

« Je suis couru vers lui, tout content de joie. »

Notre histoire

Il est assis, ce soir, sur les marches de ma classe et me regarde en sifflotant. Maigre comme un cent de clous, cheveux noirs comme l'enfer et des yeux si sombres, si profonds, si doux qu'ils en deviennent fascinants. Certains animaux ont ce regard-là, presque gênant de tranquillité et de calme. Un lac où tout semble glisser sans faire de vagues. Ni révolte ni colère, et pourtant tout le petit corps chétif est cabré dans une attitude de défi.

Philippe est arrivé de la Seine-Saint-Denis, numéro six d'une famille de neuf, que le père a quittée un jour en laissant une mère parfaitement consolable. Le remplaçant voulait bien d'elle, mais pas de sa tribu de moutards, qui a donc échoué à la DDASS de la Seine-Saint-Denis. Puis Philippe nous a été expédié de là pour le bon air de Normandie avec sa tribu de frères et sœurs, dont la petite dernière a neuf mois, et son copain Didier, lui aussi natif de la Seine-Saint-Denis. Il est délabré physiquement, couvert de poux et si maigre qu'on peut lui compter les côtes à travers la chemise. Comme à Philippe, dont c'est l'unique copain depuis six mois qu'il est au château. A part les poux, la maigreur et la DDASS de la Seine-Saint-Denis, ils n'ont rien en commun.

Philippe n'est pas aimé. Même son instituteur baisse les bras devant le « canard » du château. Mais tout semble lui glisser dessus, les réprimandes, les représailles, les avertissements. Il conserve un sourire inébranlable. Qu'on lui dise noir ou bleu, c'est la même chose. A neuf ans, il ne sait ni lire ni écrire, et s'en fiche royalement. L'instituteur, qui me croise à la fin de cette journée, a l'air de ne plus pouvoir l' « encadrer », dans je ne sais quel cadre d'ailleurs :

– Il loupe quelque chose, il sourit et repart comme s'il avait réussi! Ça me bouffe!

Il semble que Philippe bouffe tout le monde, éducateurs compris. C'est ce petit air qu'il a tout le temps, l'air de se foutre de tout et de tout le monde. Il ne demande jamais rien à personne, ne réclame rien, alors qu'il n'a reçu ni visite, ni lettre, ni la moindre sucette de sa propre mère depuis qu'il est là. Je lui demande :

– Tu m'attendais ?

Il me regarde, s'arrête de siffloter, mais pas de réponse.

– Bon, alors, salut Philippe, je suis en retard; je m'en vais.

Toujours pas de réponse, mais il se redresse sur ses petites jambes arquées et, comme tous les soirs, il me suit jusqu'à la voiture, la regarde démarrer, s'éloigner, et, dans mon rétroviseur, je le vois tourner le dos. Je suppose qu'il s'est remis à siffloter, les mains dans les poches de son jean, et qu'il regagne le dortoir tranquillement. Tranquillement... en apparence.

C'est moi qui ne suis plus tranquille sur le chemin du retour, avec le point d'interrogation qu'il me laisse dans la tête comme à tout le monde. Philippe, c'est un gavroche de carte postale. Le teint mat, l'air impertinent, les yeux noirs impénétrables, où l'on croit deviner je ne sais quoi... Mais il y a sûrement quelque chose à deviner. Pas du désespoir en tout cas. Quelque chose de plus difficile à saisir, du genre : « Je suis un môme de neuf ans, traînant ses baskets dans une vie pourrie, mais je t'emmerde, camarade ; j'ai les moyens de résister. »

N'empêche qu'il regarde partir ma voiture tous les soirs, depuis quelque temps. Comme les voyageurs sans bagages et sans billets vont regarder partir les bateaux, ou les avions, ou les trains.

Didier, le copain de la Seine-Saint-Denis, habitait à Stains, dans un immeuble évidemment sordide, installé au milieu d'une quasi-décharge publique. Avec son frère Jérôme, ils avaient l'habitude d'affronter tous les soirs la saoulerie de la mère ou du père, parfois des deux, et de passer à travers les coups.

Un jour, un objet volant non identifié a laissé Didier sur le carreau du couloir immonde de l'abri familial. Il s'est réveillé dans les bras d'un gendarme, et la seule chose dont il se souvenait au moment de monter dans l'ambulance des pompiers, c'est qu'il venait de perdre un chausson dans l'escalier. Il s'est mis à hurler à pleins poumons qu'il lui fallait absolument ce chausson.

Depuis, la DDASS reçoit pour lui la lettre classique de la mère, celle qui permet de noter dans le dossier qu'elle n'abandonne pas son fils, puisqu'elle lui écrit ! Il ne s'agit pas d'un abandon, mais d'un placement provisoire.

Enfance provisoire. Survie provisoire. Famille provisoire. Si je devais élire un seul qualificatif pour eux, ce serait celui-là.

Didier n'a de « signes particuliers » que d'étranges îlots rosâtres, lisses et nus à certains endroits du cuir chevelu. Les cheveux n'y repousseront jamais plus.

Il a neuf ans, lui aussi, et ne sait ni lire ni écrire. A part le *a, e, i, o, u* de la première classe maternelle. Il a du mal à parler, zézaie et s'exprime avec un accent bizarre, on dirait un petit Allemand :

– Che m'appelle Titier.

Pour le reste, on pourrait dire qu'il est « moyen ». Taille moyenne, yeux bruns moyens, cheveux châtains moyens (ce qu'il en reste), personnalité timide, soumise. Ce n'est pas un meneur mais c'est un violent.

Didier a reçu avant Noël une lettre, que sa « mono », sa monitrice, lui a lue :

Depuis ton départ, ton père est en prison. Tu as une nouvelle petite sœur et un nouveau papa.

Je t'embrasse.

MAMAN

– Depuis l'année dernière, les nouvelles sont plutôt bonnes, finalement, commente-t-il.

Il y a plusieurs catégories d'enfants dans les foyers de la DDASS. Ceux qui se retrouvent brutalement dans une situation difficile : mort, maladie des parents. Ceux que l'on retire à leur famille, parce qu'ils s'y trouvaient en état de danger moral ou physique. Ceux qui sont entrés dans la délinquance. Ceux qui gênent, qui dérangent, après divorce ou bagarre. Ceux que l'on n'a plus les moyens d'élever – chômage, difficultés de couple, dettes – et qui sont placés dans le provisoire qui dure.

Alors, les parents disent :

– Maman te reprendra quand elle aura trouvé un logement. Papa, quand il aura trouvé du travail......

Seulement, voilà, avant de retrouver un logement et du travail, papa ou maman, ils ont rencontré un compagnon ou une compagne qui ne sont pas toujours prêts à prendre en charge la progéniture du précédent. A la DDASS après tout, ils sont nourris et logés, alors qu'il y en a qui crèvent de faim, et ça apaise si bien les consciences ! Alors, on vient les voir au début, on leur écrit ensuite, et puis.... on en fait d'autres !

Philippe sifflote ; Didier s'angoisse. Même combat, de toute façon. Un combat qui devient toujours âpre au même moment : au temps « vacant » – celui des week-ends ou des vacances scolaires –, le temps de Noël étant le plus « vacant » de tous les temps.

Nous sommes à Noël.

Et ce soir, à nouveau, Philippe sifflote en me regardant partir. S'il n'avait pas de poches à son pantalon, je me demande où il enfouirait ses mains. Il en a besoin comme de béquilles, pour se tenir debout, l'air de rien. Le restant de sa tribu de frères et sœurs semble avoir disparu. Aujourd'hui, je n'en vois aucun.

– Où sont tes frangins, Philippe ? Qu'est-ce qu'ils font pendant les vacances ?

– Sont partis. Y a Isabelle qu'est chez sa mono. Marie-Pierre, elle est chez monsieur Lecomte. Sylvain, il est chez sa maîtresse, et les autres, y sont chez des gens à Caen.

Monsieur Lecomte, André pour nous, c'est le directeur du château. Cinquante kilos et des petites rides de souffrance mêlées à son sourire. Il a eu son compte de catastrophes. A travers ses enfants, il a vécu la souffrance, la maladie et la mort.

Ceux d'ici ne le savent pas, mais, curieusement, ils le respectent bien plus que les éducateurs musclés. André n'a pas besoin d'élever la voix pour se faire écouter. Il accueille toujours l'un d'eux pendant les vacances, et, cette fois, c'est Marie-Pierre, la petite sœur de Philippe.

– Tout le monde est parti, alors ? Et toi, Philippe ?

Haussement d'épaules. Mouvement d'impuissance ou de désintérêt. Je répète :

– Et toi, qu'est-ce que tu fais ?

Haussement d'épaules identique au premier.

Je mets la clé dans la serrure, il me regarde faire sans rien dire. Mais le silence soudain me surprend. Il ne sifflote plus. L'œil en coin, j'aperçois les deux mains pendant le long du corps, hors de leurs poches, comme deux petits animaux tout nus et en détresse.

Courageusement, tandis que le moteur ronfle, je fais un petit signe d'adieu. Alors, il ouvre brusquement la portière et pose sa main sur la mienne.

– S'il te plaît, maîtresse.

Ce contact physique est inhabituel venant de lui. J'ai du mal à comprendre la suite, car il pleure. Philippe le siffloteur pleure, pour de vrai, comme on dit à neuf ans.

– Emmène-moi chez toi, maîtresse. Mets-moi dans un coin, je ferai pas de bruit... Tu pourras même me battre, si tu veux.

Ça doit prendre trois secondes de dire ça, pour un gamin. Un vrai gamin de la DDASS. Pas un gamin de cinéma à qui on aurait soufflé son texte pour faire pleurer dans les chaumières. Aucun reportage ne pourra jamais montrer une scène pareille. C'est le genre de phrase que ma cervelle enregistre, en creux, définitivement, indélébilement. Pour toujours. « Tu pourras même me battre, si tu veux. »

Je prends ça en plein cœur, en plein ventre.

J'ouvre la portière arrière et, comme d'habitude, je ne réfléchis pas.

– Monte, attends-moi là.

C'est animal, instinctif, je file au château, dans les services administratifs, où je sais devoir entreprendre une lutte inimaginable, dantesque, ubuesque, surréaliste. Lui dire de monter dans ma voiture et de m'attendre vient de me condamner à gagner cette lutte. Or je sais par expérience que se battre contre des camarades de travail qui ne sont pas d'accord avec moi, ou contre un chef d'établissement qui m'emmerde, c'est déjà difficile. Mais pour tenter de lutter contre la paperasserie et l'administration, il faut être cinglée.

Je dois être cinglée, sans doute, puisque j'enquiquine tout le monde, sans discrimination. Il me faut une autorisation de sortie, là, ce soir, tout de suite, à la minute. Et ça ne s'obtient pas comme ça. On ne sort pas comme ça un gosse de sa taule protectrice. Il faut du temps, de la réflexion, l'avis des uns et des autres; ça se décide à l'avance, pas sur un coup de cœur. Il faut un papier, un tampon, une signature. Je frappe à toutes les portes, j'emmerde tous les bureaux, je remue tous les papiers; ça dure, ça dure... Il faut être plus obstinée que feu le mur de Berlin pour obtenir ce fichu bout de papier d'autorisation à la noix!

Mais, de retour à la voiture, en sueur, je l'ai, ce bon de sortie. Et on roule.

Il est silencieux, il regarde par la portière, les mains posées à plat sur les genoux. De profil, je ne vois que ses cheveux noirs, rasés à son arrivée, vu l'ampleur de la colonie de poux qui y logeait. A quoi pense-t-il ? Se pose-t-il seulement des questions, ce gamin tellement habitué à vivre au jour le jour, de ce que chaque jour lui apporte ou lui reprend.

Moi, je regarde la route et je me dis soudain : « Tu n'as rien demandé à personne. Tu rentres chez toi, avec ce gosse, sans prévenir. Tu as un mari, il n'est ni très expansif ni très communicatif, c'est un homme de la terre, de la campagne, qui ne passe pas son temps à couper les cheveux en quatre. Pour lui, c'est noir ou blanc. Quelle sera la couleur, lorsqu'il te verra débarquer avec ce gamin ? Il a le droit à la parole quand même.

Je suis en train de modifier notre vie privée. Ce soir, j'étais supposée rentrer à la maison pour du repos, des vacances bien méritées. Pour m' « occuper des miens ». Je me demande aussi si je n'ai pas commis une bêtise. « Prendre un enfant par la main », comme dit l'autre, ce n'est pas un geste anodin. Jamais. Le faire entrer chez soi, dans une douceur, une sécurité qu'il ne connaît pas, c'est dangereux. Il faut être sûre de soi. Sûre qu'il pourra supporter le retour. Sûre qu'il pourra supporter aussi le séjour.

Je descends de voiture. Le gamin accroché à ma main, j'ouvre la porte de chez moi. J'avance en même temps que lui, de front. J'entre dans la salle de séjour. Mon mari se retourne, il sourit et demande au gamin :

– Comment tu t'appelles ?

– Philippe.

Rien d'autre. Il ne me regarde même pas. Il va jusqu'à la table et ajoute un couvert.

Voilà. Nous n'avons, lui et moi, jamais parlé de l'arrivée de Philippe. Il n'a pas demandé ce qu'il faisait là, pourquoi lui et pas un autre, pourquoi j'avais pris cette décision. Il a mis une assiette de plus à table, Philippe s'est assis devant. Point. Et Philippe était là comme s'il y avait toujours été.

La seule qui ait posé des questions, c'est Christine, ma fille. Presque un bébé.

– Pourquoi il est là, dis ?

Je me souviens de la question, pas de la réponse exacte. J'ai dit en vrac, que Philippe était un enfant du château, qui ne pouvait pas vivre avec ses parents et n'avait personne pour passer Noël. Il était donc venu jouer avec elle. Ils ont joué ensemble pendant cinq ans.

Les vacances ont passé vite. Avec la même vitesse mes parents sont devenus, pour Philippe, « pépère » et « mémère ». Ceux de mon mari, « papy » et « mammy ». Il s'est fondu avec les autres enfants de la famille, dans le même langage, sans complexe. Ni distance, ni refus de quoi que ce soit. Au contraire, tout lui semblait « normal ». Le petit bonheur de ce Noël en famille glissait sur lui avec la même facilité apparente que le malheur de sa solitude ailleurs. Sourire.

Sourire toujours lorsque nous reprenons la route du château, le matin de la rentrée des classes. Il va retrouver son dortoir, sa tribu de frères et sœurs. Et moi, la tribu des autres. Il y aura ceux qui rentrent de Noël, pleins d'espoirs à cause des nouvelles promesses dont ils guetteront, en vain souvent, la réalisation.

Je connais trop cela. La mère ou le père qui dit : « Bientôt, on te reprendra. » Bientôt ceci, bientôt cela. Et ce « bientôt », les gamins le passent à attendre devant la grille, des années durant.

Et la famille d'accueil provisoire, où les gosses espèrent se faire un trou, bientôt...

Et les autres, ceux qui ont pris des baffes, morales ou physiques, et reviennent un peu plus bétonnés de solitude, confirmés dans leur abandon.

Philippe saute de la voiture, ce matin de rentrée des classes, sans tristesse ni appréhension. La faculté d'adaptation de ce gosse me sidère. Il fonce retrouver son copain Didier. Son copain, et son contraire.

Didier a donc reçu, avant les vacances, la fameuse lettre lui annonçant la naissance d'une petite sœur et un nouveau papa. Et lui, réputé au foyer pour son avarice prodigieuse, est allé retirer son pécule, amassé sou à sou. Chaque enfant reçoit de trente à cinquante francs par trimestre, suivant l'âge. Didier, lui, garde tout son argent sans le dépenser comme les autres pour les habituelles sucettes ou voitures en plastique. Muni de son trésor, il est allé acheter pour la nouvelle venue, la petite sœur annoncée, un transistor.

Et, tandis que Philippe s'approche de lui avec nonchalance, en disant : « Salut, comment qu' tu vas ? », j'aperçois un petit paquet dans les mains de Didier. Il a sa tête des mauvais jours, que Philippe ignore avec désinvolture :

– Moi, c'était super, chez Marie-Jo. J'y retourne aux week-ends et pour les autres vacances !

Silence, immobilité de Didier, son paquet à la main. Nouvelle tentative de Philippe :

– Ben alors, et toi ? Tu as vu ta nouvelle frangine et ton nouveau père ?

Rien. Didier entre en classe en regardant ses chaussures. Et, là, il jette le paquet par terre et le piétine. Rouge de colère. Il détruit le petit transistor qui lui a coûté sa fortune, sa petite cassette d'Harpagon miniature. Il le détruit méthodiquement, symboliquement, à coups de pied, sous nos yeux.

– Tous les jours que j'ai attendu !

Ça sort enfin. Les mots, la rage expliquée.

– Je me suis assis à la grille, j'ai attendu.

Est-ce à moi que ce discours s'adresse, ou à Philippe, ou à nous deux, ou à tous les enfants ?

– J'ai même pas joué, et même, des jours, j'ai pas mangé. Ils sont pas venus. Personne est v'nu chercher mon cadeau. Voilà ce que j'en fais du cadeau, moi !

Petit homme en colère, il achève de piétiner soigneusement le transistor qui s'est échappé du papier cadeau. J'attends qu'il pleure. Ça doit venir. Ça va venir. Ça vient.

Il pleure. Tête baissée devant le magnifique désastre à ses pieds. Les autres s'assoient en silence à leur pupitre. Ici, les colères, les désespoirs, les crises de larmes prennent toutes les formes. Ils en ont l'habitude. Ils le respectent. Ils en prennent plein la tête aussi. Je les observe depuis mon bureau. Ceux qui ont eu la chance de voir leur famille, à qui on a promis le « bientôt », se gardent bien de le crier sur tous les toits. Vaguement coupables de ce « si peu », devant le « moins que rien » de Didier.

Une fille, une « grande », tente un réconfort timide, presque maternel :

– Ils ont eu un problème, c'est sûr. Ils vont peut-être t'écrire.

C'est fou, ce qu'un gosse peut prendre en considération les « problèmes » des adultes. C'est fou, ce qu'ils sont prêts à leur trouver comme excuses. Mais en langage officiel seulement, pour la vitrine. Car ils n'y croient pas vraiment. La gamine qui vient de lancer sa phrase comme une bouée n'y croit pas du tout, elle. Trop d'expérience. Ce genre d'argument peut marcher les premiers mois. Ça aide, parfois. Mais les gamins découvrent très vite que le réconfort des copains par ce genre de ruse de Sioux cache en fait une impuissance à excuser réellement le comportement des parents. Pourtant Didier a ressenti le désir de l'autre de l'aider. Ce réconfort passager, il en saisit un morceau au vol, à sa manière :

– Elle peut se la foutre au cul, sa lettre ; je la lirai même pas.

« Elle. » La mère. Ça fait du bien de mépriser. La classe préfère rigoler. Jaune et un peu trop fort. Sauf Philippe.

Philippe, lui, a de la peine pour son copain. Encore plus de peine, puisque je lui offre une famille. Et rien au copain. Il se culpabilise, je me culpabilise, la matinée commence bien! Je me promets d'essayer de trouver à Didier une famille d'accueil pour les week-ends. Difficile. Une famille d'accueil est bénévole, elle doit être acceptée par l'administration, et surtout ne pas se défiler au dernier moment.

Pour Philippe, cette première balade imprévue en famille s'est vite transformée en week-ends réguliers à la maison. Puis les mercredis sont venus en plus. Et puis, toutes les vacances scolaires.

Il jouait avec Christine comme avec une sœur naturelle. Sa bonne humeur était communicative. Je les regardais tous les deux secoués par des crises de fou rire. Jamais il ne se fâchait contre elle. Elle pouvait lui casser quelque chose ou lui faire de la peine, la réponse était toujours la même :

– Laisse tomber, c'est pas grave; elle a pas fait exprès.

Il allait bien. Apparemment, il avait trouvé un certain équilibre. Bien sûr, il n'avait pas tout ce qu'il aurait voulu, mais il avait, c'est important, un petit plus. Il est vrai qu'il se contentait de peu. Toujours enthousiaste pour le moindre projet. S'extasiant sur tout : les animaux, le matériel de la ferme où nous allions passer les vacances. Toujours le premier sur le tracteur, le premier à donner un coup de main.

Pour ma fille, il représentait une référence. Elle l'appelait à tout bout de champ et il répondait sans contrariété, sans jamais être dérangé. Disponible comme personne à la vie, aux choses, aux gens. Disponible à Christine, surtout. Devenu le grand frère qu'elle n'avait pas eu. Ma fille est plutôt calme, elle profitait de la bonne humeur et du dynamisme de Philippe. Nous allions bien en somme. Mais provisoirement, comme toujours. Didier, lui, semblait tourner au vinaigre.

Un matin, en arrivant, j'aperçois de loin les bâtiments préfabriqués de l'école dans un nuage de fumée. De plus près, il ne reste qu'un amas de cendres, que les pompiers fouillent, car il nous manque deux enfants.

Le directeur, André, me semble avoir perdu son calme ce matin, et il y a de quoi. Il emmène les enfants *manu militari* en direction des pavillons de dortoirs. La classe s'y tiendra en attendant.

Les gamins sont excités par l'événement. J'apprends que les écuries ont brûlé. Un petit témoin me hurle :

– Je les ai vus, maîtresse, ceux-là qui ont mis le feu ! Y sont rentrés dans la classe par les fenêtres ; il était nuit, quatre heures du matin !

– Qu'est-ce que tu fichais debout, à quatre heures du matin !

– Je m'étais levé pour faire pipi. Je les ai vus, mais je les ai pas reconnus.

– Moi, j'ai rien vu, je dormais. Ça cramait quand on m'a réveillée.

– Moi, j'ai vu, je vous dis. J'étais pour faire pipi. Ils étaient deux, maîtresse !

Nathalie, celle que l'on appelle familièrement « la grosse », a disparu, ainsi que la petite Dominique, la dernière de la tribu de Philippe. Elle n'a qu'un an, elle se trouvait à l'infirmerie. Elle n'a pas pu partir toute seule.

Nathalie aurait mis le feu aux bâtiments de l'école ?

Les pompiers cherchent deux cadavres dans les décombres fumants. Chaque pelletée est une angoisse. En fin de matinée, nous avons enfin la certitude qu'il n'y a aucun corps là-dessous. Et vers onze heures du matin, les gendarmes retrouvent Nathalie en ville, avec la petite Dominique dans les bras. Nathalie est totalement inconsciente, et très fière d'elle.

– J'avais envie d'un bébé, j'ai pris Dominique ; je suis allée dormir avec elle dans la grange. J'ai fumé une cigarette. Après, il y a eu de la fumée partout, alors je suis sortie promener le bébé.

– Et l'école ?

– Je suis allée mettre le feu aussi.

– Comment es-tu entrée ?

– Je suis passée par la fenêtre.

Son récit colle évidemment avec celui du petit témoin qui dit en avoir vu deux passer par la fenêtre. Mais, lorsqu'on demande à Nathalie de refaire le trajet et qu'elle tente de passer... impossible. Trop grosse Nathalie, pour passer par une fenêtre comme celle-là. Et les enfants ne la croient pas. Le petit témoin encore moins :

– Hé ! d'abord ils étaient deux, et c'était pas Nathalie. C'étaient des plus petits.

– C'est moi, je te dis !

Bien. Il faut reprendre les choses avec calme, et avec les gendarmes.

– Pourquoi as-tu pris le bébé, Nathalie ?

– J'avais envie. Je voulais dormir avec elle.

– Tu as dormi dans la grange ?

– Oui.

– Tu as fumé une cigarette dans la paille ?

– Oui.

– Mais tu n'as pas mis le feu à l'école ?

– Je sais pas. Y avait de la fumée, je pouvais pas rester là avec le bébé.

– Tu t'es sauvée parce que tu as eu peur ?

– Mais non. Y avait de la fumée, alors je suis allée marcher ailleurs.

Nathalie est une adolescente particulière. J'ignore quelle est sa maladie exacte. Les enfants qui en sont atteints restent très petits de taille, mais obèses, avec de courtes extrémités. Ce n'est pas exactement du nanisme. Les doigts des mains et les orteils restent minuscules.

A quatorze ans, Nathalie sait, elle, de quelle maladie elle est atteinte et ce que cela suppose pour son avenir. Demeurer petite et grosse, informe, sans amour et sans possibilité d'avoir un enfant. Et elle parle tout le temps de son envie d'être mère.

Elle a déjà eu plusieurs fois le même problème. Un voisine, un jour, lui confie un gamin et elle part avec. Sans méchanceté, sans autre désir que de bercer l'enfant dans ses bras, de le tenir contre elle. La petite sœur de Philippe, ce bébé qui nous est arrivé à neuf mois, la dernière de la tribu, a dû l'attirer tout particulièrement.

Dominique n'a pas souffert de la balade, et Nathalie ne se sent pas coupable.

– Il y avait du feu partout et de la fumée, alors on est sorties se promener ailleurs.

Que sa cigarette ait pu mettre le feu à la paille de la grange, c'est fort probable. Mais comment a-t-elle pu faire brûler les bâtiments de l'école ? Les gendarmes n'y comprennent rien. Nous non plus. Il y a forcément une autre explication.

N'apercevant pas Didier aux côtés de son copain Philippe, ce qui est plus qu'inhabituel, je me renseigne auprès de sa monitrice :

– Il est là-bas, dans le coin. Cette nuit, il a pissé au lit. C'est la première fois que ça lui arrive depuis qu'il est ici.

La première fois ? Comme c'est bizarre que ce soit justement aujourd'hui.

– Qu'est-ce qu'il y a, Didier, tu es malade ?

Il éclate aussitôt en sanglots, et les gendarmes découvrent l'identité du deuxième pyromane.

– Je voulais plus aller à l'école, j'ai mis le feu avec Renaud. J'ai eu peur, quand ça s'est mis à cramer. Je me suis sauvé par la fenêtre et je suis rentré au dortoir. Je tremblais dans mon lit... J'ai eu peur, maîtresse. J'ai eu peur.

Il ne dit pas qu'il a pissé au lit de peur. Juste qu'il ne voulait plus aller à l'école. Et l'autre, la voleuse d'enfants, ne dit pas qu'elle a eu peur du feu, juste qu'elle est sortie « se promener » ailleurs avec le bébé. Le feu importait peu. Ce qui comptait, uniquement, c'était de tenir le bébé contre elle. Elle n'a prévenu personne, ne s'est même pas affolée; elle a pris la route en pleine nuit, avec la petite sœur de Philippe.

Et Philippe regarde Nathalie, puis Didier. Stoïque. Les mains dans les poches. Il y a ceux qui foutent le feu de peur, ceux qui foutent le feu sans le savoir et des enfants comme lui. Son copain, sa petite sœur, tout ça, c'est la famille, au fond.

Didier a dû se laisser entraîner. « Foutre le feu à l'école » est une formule qu'ils emploient entre eux. L'école, c'est dur. Difficile, quand on ne sait même pas écrire son nom à neuf ou dix ans.

– Allez, viens, Didier.

C'est Philippe qui récupère son copain pyromane. Et les gendarmes s'en vont, démunis de coupables. On ne condamne pas un gosse qui a peur de l'école. On ne condamne pas une adolescente malade de son amour des bébés.

Philippe et Didier ont fait la découverte du sexe. A douze ans et des poussières, c'est une instruction nécessaire. La chose s'est passée grâce à deux petites nouvelles, Corinne et Liliane.

Comme Philippe me raconte tout, depuis qu'il passe la totalité de son temps libre à la maison, j'ai la primeur de l'événement.

Les gosses ont construit une cabane derrière les dortoirs. Refuge de jeux interdits ou innocents, petite liberté dans le grand enfermement. Didier et Philippe discutaient entre petits bonshommes, lorsque les deux nouvelles, Corinne et Liliane, sont venues leur proposer un jeu.

Ce jeu, elles le connaissent bien, eux pas. Corinne, l'aînée des deux sœurs, a été violée par le père.

Elle fanfaronne devant les petits. Il n'y a qu'avec eux qu'elle peut faire semblant – de ne pas avoir peur, de ne pas avoir honte, de ne pas avoir mal – et qu'elle peut exorciser un peu sa terrible souffrance en se targuant d'un « savoir » qu'ils n'ont pas. Une façon pour elle de transformer l'horreur, de l'utiliser à son avantage.

– Dans la cabane, me dit Philippe, je me suis couché avec Corinne, et Didier avec Liliane. Tu comprends, elle sait, Corinne, parce qu'elle l'a déjà fait avec son père. Elle m'a montré, et on s'est bien marrés.

Ils se sont « bien marrés », c'est exact ; une franche rigolade. Philippe s'est endormi avec son initiatrice, et, le lendemain, la petite bande des quatre noceurs s'est fait coffrer proprement. Bien entendu, il y a eu sanction, admonestation, condamnation morale de l'exploit. Mais en écoutant les deux petits mâles me raconter naïvement leur rigolade d'avoir appris « comment on fait avec une fille », je comprends une fois de plus l'extraordinaire faculté des enfants à recoller les morceaux.

Ces deux filles, de douze et treize ans, n'ont pas vu défiler dans la cabane ou dans leur lit que Didier et Philippe. Il y en a eu d'autres. Elle étaient celles « qui savaient », et ceux qui « ne savaient pas » allaient les voir, tout simplement. Il n'y avait là ni vice, ni amour, ni provocation. Un jeu d'initiation, sans plus. Nous le savons tellement, au château, que les filles ont leurs pilules dès que nous les supposons susceptibles d'avoir des rapports.

Aucune fille n'est tombée enceinte dans cette histoire. La chose aurait pu se produire, car les gosses oublient souvent, à cet âge, la nécessité de la pastille rose anti-bébé. Mais, dans l'ensemble, on évite les catastrophes.

La pauvreté affective est tellement importante, que ces enfants se réfugient très tôt dans une vie d'adulte, avec l'espoir d'y trouver une compensation. Très tôt, ils recherchent un peu plus, et vont un peu plus loin que le flirt enfantin. L'abandon fait naître une soif d'amour quasi intarissable. Et, pour ne pas être abandonné une nouvelle fois, l'enfant préfère accepter la demande de l'autre, voire la provoquer.

Philippe et Didier ont eu leur part. Ce qui reste d'enfance en eux a fait de tout cela une rigolade monstre. Saine.

Le bonheur est si rare.

Philippe a eu quatorze ans à la maison. Nous étions devenus sa famille. Cinq ans passés ensemble... Ma fille avait maintenant six ans. Frère et sœur inséparables, ils devaient se croire ensemble pour l'éternité. Philippe avait sa chambre, ses affaires dans sa chambre, son désordre dans les affaires de sa chambre... Les vacances, les week-ends, les mercredis s'étaient succédé sans problème.

Un matin, je viens le chercher au château, sa carte d'identité en poche, pour l'emmener avec nous en vacances en Espagne. A cette époque, j'étais en poste ailleurs ; je me présente donc à la grille en tant que mère de famille d'accueil, venue récupérer son « fils ».

Une collègue m'accueille :

– Philippe n'est pas là. Le directeur veut te parler.

Plus surprise qu'inquiète à vrai dire, je me rends dans le bureau directorial.

– Philippe a regagné sa DDASS d'origine. Il appartenait à la Seine-Saint-Denis. On nous l'avait envoyé au bord de la mer, parce que son état physique l'exigeait, mais c'est fini.

– Comment ça « fini » ?

– La DDASS de la Seine-Saint-Denis ne paie plus pour lui, il est donc retourné au centre d'origine.

On me l'annonce comme ça. Tout simplement. Comme si je n'avais pas vécu avec ce gosse depuis cinq ans ! Comme s'il n'était pas devenu le grand frère de ma fille !

Je reste sans voix. Ça m'est arrivé souvent de rester sans voix.

Sans voix, parce que je ne peux rien contre l'administration, ses règles et ses mystères. Personne ne m'a prévenue de son départ, il est parti sans reprendre ses affaires à la maison, sans même nous revoir, sans rien, tout nu à nouveau, brutalement coupé de cinq années d'affection. Je n'ai même pas pu lui faire une valise, un baluchon, un bisou.

Sans voix. Puisque ma voix ne compte pas dans ce système.

J'obtiens tout de même son adresse et j'écris. Pas de réponse.

Longtemps après, j'ai su que mon Philippe faisait là-bas dans sa DDASS d'origine, la « forte tête », comme on dit. Il s'échappait, il faisait fugue sur fugue pour retrouver sa « nourrice », sa « mère », comme il disait. Moi. Et on lui répondait : « Elle t'a écrit, justement, mais, puisque tu es insupportable, tu n'auras pas son courrier et tu n'auras pas son adresse. »

Deux ans, sans nouvelles de Philippe. C'est Christine, ma fille, qui a le plus « trinqué », comme on dit au château. Elle ne comprenait pas, évidemment. Elle me disait :

– Est-ce que tu vas m'abandonner un jour, moi aussi, comme Philippe ? Est-ce que tu me diras un jour que je suis pas ta vraie fille ? Est-ce que je devrai repartir chez ma vraie mère ?

Ma propre fille en était arrivée à confondre sa situation avec celle des enfants du château. A ses yeux, j'étais maintenant une mère qui pouvait être, elle aussi, provisoire... une mère d'abandon possible.

Dur. Ce gosse avait échoué à la DDASS pour mauvais traitements, manque de nourriture. Il volait des pattes de poulet sur les marchés pour pouvoir manger. Ça ne l'empêchait pas de sourire. Un jour il avait eu le courage d'ouvrir la portière de ma voiture et gagné ainsi cinq ans de tranquillité, et on le remerciait en le renvoyant à la Seine-Saint-Denis. Faire des fugues en Seine-Saint-Denis, se révolter contre la Seine-Saint-Denis et le reste du monde, je suppose.

La DDASS de la Seine-Saint-Denis, ne l'a « relâché » qu'à seize ans. On lui a dit :

– Voilà l'adresse de ta nourrice, tu peux faire ce que tu veux.

Il l'a fait. Il a sauté sur le premier téléphone, puis dans le premier train.

Après son départ, je m'étais bien juré que plus jamais... plus jamais je n'ouvrirais ma porte à un autre gamin.

Mais il y avait Didier. Nous lui avions trouvé une famille voisine et, tant que Philippe était là, je me débrouillais pour réunir les deux copains le plus souvent possible. J'emmenais Didier dans sa famille d'accueil avec Philippe, je repartais avec Philippe; je revenais le chercher avec Philippe, pour les ramener tous les deux au château. Puis Philippe disparaît, et voilà que l'on m'annonce pour Didier une nouvelle importante. Il a douze ans, il va être placé.

Un placement dans une famille qui accepte d'héberger des enfants déjà grands, à la personnalité affirmée, ayant d'importants retards scolaires, ce n'est pas une mince affaire. Peu de familles acceptent. La DDASS s'est donc tournée, dans le cas de Didier, vers la famille qui le recevait déjà en week-ends. Ils ont dit oui.

Ce oui fait exploser le gamin de joie.

– Je quitte la DDASS, je fous le camp du château ! Ils me prennent ! Ils m'ont dit oui !

Il se pavane devant les autres mômes, il n'est plus abandonné, il a une famille. Il prépare sa valise au dortoir, sous les yeux des autres ; il s'en va demain.

Mais demain est toujours un autre jour, et ce lendemain-là, on m'appelle :

– Marie-Jo, toi qui connais bien Didier, essaie de lui dire... « Ils » ont téléphoné ; « ils » ont réfléchi. Dis-le-lui, toi.

Il me voit arriver, et je n'ai pas besoin de parler.

– Ça va, j'ai compris.

Il baisse la tête et me tourne le dos en soulevant sa valise. Outre les moments où je demeure sans voix, il y a les moments où j'ouvre dite la portière de ma voiture.

Je prends sa valise, j'ouvre la dite portière, je mets la valise sur le siège et, que le diable me patafiole, je redis une fois de plus :

– Bouge pas, attends-moi là.

Cette fois l'administration semble toute prête à arranger les choses. Elle est tellement « embêtée », l'administration. Elle ne sait plus quoi faire de ce gosse à qui elle a donné un espoir monumental. La famille qui accueillait Didier en week-end depuis des mois lui avait paru fiable, affectivement mûre. Tous les dossiers sont prêts. Il suffit de changer de nom, et on me donne le gamin sur un coup de gomme. Comme tout paraît facile à certains moments.

J'ai la rage au cœur. Ces gens... J'ai beau

m'interdire de juger, je serre tout de même les dents. On ne prend pas un gosse de la DDASS comme un chiot à la SPA. Se déclarer « famille d'accueil », c'est grave. Cette famille-là était connue des services administratifs, leur statut était clair. Ils « accueillent ». Dire oui, laisser un môme faire sa valise et puis dire non...

Je mets mon nom sur le dossier, je repars vers la voiture et je dis à Didier :

– On s'en va.

Il baisse la tête, sa petite tête avec ses plaques roses. Et puis, il dit fermement :

– Ces gens-là, c'est pas un enfant comme moi qu'ils voulaient. Ils veulent un très beau, et puis très riche, et puis très intelligent.

L'explication est logique. D'une lucidité terrible en tout cas. Mais on ne vient pas au château demander un bel enfant rose et blond, avec toutes ses dents, tous ses cheveux et rien d'esquinté à l'intérieur. Chez nous, ça n'existe pas.

Je fais partie de ces gens que la misère des autres dérange et atteint au plus profond. Je ne m'en félicite pas particulièrement, je ne m'en excuse pas non plus. Parfois je fais un rêve. Pas d'arriver à vivre avec cette misère, de la supporter mieux, mais de carrément l'ignorer. De ne pas savoir. Mais elle vient me chercher, elle vient au-devant de moi. Le visage de Didier démoli, avec sa valise à ses pieds, tout son espoir à ses pieds... Je n'ai pas supporté. Il y a chez nous des gens qui s'endurcissent, des gens qui disent :

– Moi, je fais ce travail depuis des années, je ne

les entends plus, les gosses, je ne les vois plus, je fais mon boulot, je pars à l'heure, je refuse de servir de poubelle, et que l'on vienne déverser son trop plein d'ordures sur moi.

Et puis, il y a ceux qui ne s'endurcissent pas. Qui ont toujours mal devant les enfants, qui souffrent de leurs souffrances et ne peuvent pas faire autrement. J'ai longtemps cru que le meilleur système était le système dit du « béton armé ». Mes collègues en béton armé arrivent le matin frais et dispos, rechargés à bloc, alors que moi je suis presque toujours au bout du rouleau, à me demander par quel bout je vais aborder tel problème. Incapable de laisser derrière moi l'angoisse quand je referme la porte du château le soir, en partant. Je la subis, je la vis, je la trimbale avec moi en permanence.

Le béton armé est nécessaire. La brique poreuse que je suis l'est également. Les deux attitudes se complètent face à l'enfance abandonnée, maltraitée, perdue. Car les enfants savent tirer parti de tout. De tous les comportements. Avec une éducatrice en béton armé – j'en connais que je respecte infiniment –, les gosses s'appliquent, tirent la langue, et ils ont beau râler, trépigner à la sortie des cours, ils ont donné un certain maximum, pour éviter les sanctions.

Moi, j'ai une autre méthode. J'essaie, avant tout, de les convaincre de la nécessité d'apprendre. Et ensuite, on se retrousse les manches.

Il y a des jours de forme, d'espoir invincible, et des jours de tristesse et de rage, où les bras m'en tombent.

Les bras me sont tombés devant Didier. Nous sommes rentrés à la maison.

J'ai quitté le château, pour former à mon tour une famille d'accueil, avec un statut, et m'occuper entièrement de mon nouveau gamin.

Une fois de plus, je n'avais demandé l'avis de personne chez moi, j'avais réagi individuellement.

Ma fille a très mal pris la chose au début. Elle venait de perdre son frère Philippe et considérait l'arrivée de Didier comme un geste de remplacement.

Didier était très différent de Philippe le siffleur. Son opposé. Propre et soigneux, ordonné, il ne supportait pas que l'on dérange la moindre gomme de sa trousse d'écolier. Tout ce qu'il n'avait pas eu dans son enfance l'émerveillait. Une paire de chaussures de foot était impeccablement cirée et pendue à son clou. Le cartable astiqué, les cahiers méticuleusement tenus propres, comme ses vêtements et son vélo, qu'il astiquait matin, midi et soir. Ses billes... Jamais dispersées les billes. C'est important, un sac de billes. Le tourne-disque. Il allait d'émerveillement en émerveillement, et enfermait toutes ses affaires dans sa chambre. Il ne fallait toucher à rien. Celui qui a vécu en orphelinat, qui n'a jamais eu qu'un vague rideau pour le séparer du voisin, un placard pour ranger un ou deux trésors, celui-là sait le cadeau que représente une chambre à soi.

Didier s'est mis à tout enfermer à clef. Il ne supportait pas une tache sur son pantalon ni une rayure sur ses chaussures neuves.

Christine, ma fille, était malheureuse devant ce petit homme maniaque, qui avait besoin de tout, besoin qu'on lui apporte tout, et qui gardait tout précieusement tel Harpagon. Philippe le siffloteur donnait tout de bon cœur, lui : son sourire, sa bonne volonté, son mouchoir sale comme son vélo.

Au début, Christine appelait Didier « Philippe ». Ça le rendait furieux. Et, en plus, elle lui disait sans cesse :

– Ne touche pas à ça, c'est à Philippe. Tu es dans la chambre de Philippe.

Pour elle, Didier avait chassé Philippe, il avait pris sa place.

C'était un vrai problème. J'ai dû le résoudre patiemment en lui expliquant que Philippe avait été repris par d'autres gens, que Didier n'en était pas responsable, au contraire, qu'ils étaient des copains inséparables tous les deux et qu'on les avait séparés.

Il y a eu alors une période d'indifférence. Puis le choc.

Le passage de la maternelle à l'école primaire, la cantine à midi, la première séparation importante avec la maison, a poussé Christine à chercher le réconfort de Didier. Ils fréquentaient la même école : elle se sentait moins perdue, et lui était tout fier d'avoir « quelqu'un ». Il s'est mis à la protéger, ils se sont enfin parlé, ils ont fait réellement connaissance. La petite avait besoin de lui, Didier, l'abandonné dont personne ne semblait jamais avoir eu besoin. Il a trouvé un rôle à jouer auprès de Christine, et il l'a pris très au sérieux. Lui apprendre à faire du vélo, à jouer aux billes, apprendre l'ordre et le rangement. L'échange était devenu concluant entre eux deux. Tout allait bien, une fois de plus. Tout est allé mal, une fois de plus.

Deux années venaient de passer. Christine avait un nouveau frère. Mais les enfants que l'on croit abandonnés à la DDASS ont toujours une famille. Et, lorsque cette famille a su que Didier avait été placé chez nous, le cauchemar a commencé.

De la famille, en fait il ne restait que la mère, le père étant décédé entre-temps, sans avoir revu son fils. Le dialogue qui s'est engagé alors est représentatif d'une majorité des cas comparables à celui de Didier.

La mère, s'adressant à la DDASS :

– Moi, je n'ai jamais torturé mon enfant, je ne lui ai jamais fait de mal, c'était mon mari, et, maintenant qu'il est mort, je veux reprendre mon fils, que vous avez confié à une étrangère.

Et ça a été les coups de téléphone injurieux.

L'administration et moi-même, nous nous efforcions de tenir Didier à l'écart de ce conflit. Puis, un jour, l'administration s'est adressée directement à moi :

– Vous avez Didier depuis deux ans, il faudrait faire un bilan sur son état de santé physique et morale, il doit retourner à sa DDASS d'origine, en Seine-Saint-Denis, pour l'établissement de ce bilan.

Je me suis mise à détester la Seine-Saint-Denis. A cause de mes deux gamins. Philippe y était perdu et Didier y retournait pour un « bilan »...

J'habille le gamin, je le mets dans le train, ainsi qu'on me l'a demandé, et je lui achète un livre et un sandwich. Pour monter dans un train, il lui faut absolument un livre dans une main et un sandwich dans l'autre, il trouve que ça fait bien. Je mets cinquante francs dans son porte-monnaie, avec notre numéro de téléphone.

L'aventure de Philippe m'a instruite.

– Si tu as un problème, le plus petit problème, il faut me téléphoner là.

On m'a dit qu'une ambulance de la DDASS viendrait le chercher à l'arrivée, et il est supposé rentrer le lendemain soir, par le même train.

La journée passe, bizarre, la nuit aussi. La chambre de Philippe-Didier, à nouveau silencieuse, me fait un sale effet.

Le lendemain, je suis à l'arrivée du train, avec mon mari et Christine. Nous cherchons Didier partout, dans tous les wagons. Il n'est pas là. Nous revenons pour le train suivant et ainsi de suite, jusqu'au dernier train de nuit. Personne.

Et en pleine nuit, il est inutile d'espérer joindre quiconque en Seine-Saint-Denis ou ailleurs.

Nous sommes tous les trois verts d'angoisse.

Puis, c'est le parcours des commissariats, hôpitaux, mais personne n'a récupéré un Didier accidenté, blessé ou fugueur.

Le lendemain, j'appelle l'éducateur, celui qui m'a demandé de lui expédier Didier pour un bilan.

– Oh, écoutez, je suis débordé, il n'y a pas que vous dont on doit s'occuper.

Bref je dérange.

– Dites-moi au moins où il est ? Il est parti ?

– Non, non. Il est toujours là, ne vous inquiétez pas. On vous rappellera...

Je déteste la Seine-Saint-Denis, mais c'est tout de même réconfortant de savoir que le gamin ne s'est pas évaporé dans la nature, qu'il ne lui est rien arrivé.

Je me demande pour qui on prend les familles d'accueil, dans l'administration. Pour des expéditeurs de colis postaux ? Pendant deux jours, je téléphone, je tambourine aux portes, j'insiste pour parler à Didier au téléphone. Le troisième jour, enfin, on me dit :

– On va vous le passer...

Enfin ! La voix de Didier est énergique et décidée dans l'appareil.

– Allô ! C'est Didier. Je ne reviendrai jamais chez toi. Je veux mon cartable, mon vélo, mes chaussures de foot et mes billes. Et si tu veux pas me les rendre, la police viendra les chercher !

La communication a été coupée. Je ne suis pas sûre d'avoir tout compris. Je suis têtue ! Je rappelle donc, et cette fois j'ai droit à l'éducateur en personne.

– La mère a fait valoir ses droits, le tribunal lui rend son enfant. Nous sommes conscients de ce que vous aviez entrepris pour lui, alors nous avons donné le choix à Didier. Il a vu sa mère. Ils ont beaucoup pleuré tous les deux et il a choisi sa mère.

Je n'avais rien à dire. Encore une fois. Juste à encaisser cette loi qui permet aux parents qui abandonnent leurs enfants, même plusieurs années, de se manifester le jour où bon leur semble, pour les reprendre. Ce jour-là, je trouvais ça immonde.

Je sais, j'avais tort. Deux fois tort. Car les enfants ont besoin de leurs parents. Même des pires. Ils les réclament en silence souvent, silencieusement, honteusement, mais, si les parents, père ou mère repentis, réapparaissent, le choix est évident pour eux. Ils espèrent tellement être enfin aimés par ceux qui devaient les aimer. Qui le doivent...

J'ai donc expliqué à Christine, ma fille, que Didier, son frère depuis deux ans, avait retrouvé sa maman, la vraie.

Elle est tombée malade. Elle ne voulait plus aller à l'école, elle s'est mise à faire des cauchemars ; dans son sommeil, elle réclamait tour à tour Philippe et Didier.

J'ai fermé la chambre de Didier à clef. J'ai suspendu la clef.

Nous n'avons jamais parlé de lui à la maison. Durant plusieurs semaines, Christine a continué de mettre son couvert à table, et puis un jour elle a cessé.

Au bout d'un mois, j'ai eu des nouvelles du disparu. Il m'a téléphoné :

– Il faut que tu comprennes, c'est ma vraie mère ; elle a pleuré, elle m'a dit que j'aurais un vélo chez elle aussi et une chambre pour moi tout seul. Mais, quand je suis arrivé, c'était pas vrai. Elle boit du Ricard tous les jours, pur, sans eau, et elle... elle tombe sous la table avec des bonshommes. Il faut que tu me reprennes. Maman, je veux rentrer.

J'ai raccroché. Alors, il a appelé chez la voisine.

– Dis à maman qu'il faut qu'elle me reprenne. Il faut qu'elle vienne me chercher.

Il a appelé et appelé tant et tant, que j'ai fini par lui répondre :

– Didier, je ne suis pas ta mère, et je ne suis pas une balle de ping-pong que tu peux taper une fois avec la raquette et une fois contre le mur. Tu comprends ? J'ai essayé de faire quelque chose pour toi. J'espère que tu en gardes un bon souvenir. Mais je dois aussi m'occuper de Christine. Elle n'est pas suffisamment solide pour supporter des départs de ce genre. Tout le monde en prend « plein la tronche » à chaque fois. Tu comprends ?

Je crois qu'il a compris.

Plus tard, les deux copains se sont retrouvés. Puis ils m'ont retrouvée.

Ils sont arrivés par le train du soir. Tous les deux. Grands, changés. Différents et pourtant les mêmes. Didier a dit tout de suite :

– Ne parle pas, c'est à moi de parler. Je t'expliquerai tout, et après on n'en reparlera plus jamais.

Et nous n'en avons plus jamais reparlé.

C'était cher payé notre histoire. Je ne regrette pas ce que cela m'a coûté, mais je me demande encore si j'avais le droit de faire payer le même prix aux miens. Mon mari, ma fille, ils ont toujours donné leur accord, tacite ou exprimé, mais avais-je le droit ?

Ça n'a pas été un échec, l'histoire a bien fini. Ils se sont installés dans la vie à présent, ils travaillent et me disent toujours que, sans notre rencontre, ils ne se seraient pas réalisés de la même façon.

C'était la longue histoire de Philippe le siffloteur et de Didier son copain contraire. « Mes » deux fils de la DDASS. Les deux à qui je n'ai pas résisté. J'ai ouvert la portière de ma voiture, j'ai pris leur valise et j'ai franchi la grille du château avec eux.

J'ai été pour eux une mère provisoire. Ils restent définitivement mes deux grands.

L'Indien

Il se promène en solitaire, en marge des autres, je ne connais le son de sa voix que grâce aux séances de lecture. Il est beau, un visage aux traits fins, d'une pureté surprenante. Des cheveux noirs et brillants, presque bleus dans la lumière. Le teint chaud, légèrement coloré.

Alain ressemble à un petit Indien. Il en a le silence, le visage impassible et obstiné, une expression qui n'appartient qu'à lui. Je l'imagine volontiers guettant le castor au bord de la rivière ou jouant de la flûte dans une vallée des Andes.

Onze ans... Il est arrivé tout seul. Apparemment, il est le seul problème de sa famille : ses deux frères aînés sont restés chez eux.

Depuis qu'il est ici, c'est un vrai courant d'air. Il fugue en permanence. Idée fixe : rentrer chez lui. Il n'a que cela dans la tête, il ne cherche que ça, ne pense qu'à ça. Ce gosse n'arrive pas à admettre qu'on ne veuille pas de lui à la maison.

Il s'invente des prétextes, une multitude de prétextes. Il a oublié des affaires là-bas et doit retourner les chercher ; il a besoin de voir son frère pour lui dire quelque chose d'important ; besoin de demander à l'autre frère quelque chose de tout aussi important. Alors, il file silencieusement et revient tout seul, tout aussi silencieusement.

Il ne se fait pas d'amis et ne cherche pas à nouer de liens avec les autres. Lorsqu'il est contraint de faire quelque chose en groupe, il se met à l'écart et suit de loin. Jamais dedans, jamais au centre ni devant. Loin.

Je ne connais rien de son histoire. Sa famille habite un HLM à une vingtaine de kilomètres seulement du foyer. Il est arrivé chez nous après un séjour à l'hôpital.

Beaucoup d'enfants placés s'inventent des excuses pour avoir été séparés de leur famille. C'est « parce que ». L'assistante sociale a dit que..., parce qu'il n'y a pas assez de place à la maison ; parce que papa n'a plus de travail ou manque d'argent. En réalité, le plus souvent, c'est parce qu'il boit. Papa boit ou maman boit, et le gamin trinque. C'est toujours la même histoire.

L'Indien n'a pas énoncé d'excuse, peut-être parce qu'il sait trop bien le « pourquoi » ou le « parce que ». Le « parce que » de l'Indien est indicible. Peut-être fait-il partie d'une famille qui se sent dérangée par lui dans son confort, dans une existence installée avant lui. Il est peut-être né trop tard. Né d'une erreur ou d'un adultère. Depuis des années, peut-être, la hargne et la haine s'accumulaient contre lui.

Je me demande s'il fugue pour comprendre la

raison du traitement qu'on lui inflige ou pour convaincre sa famille qu'il ne supporte pas cet éloignement. Probablement les deux. Mais ce silence est impressionnant. Il ne raconte rien quand il revient, il est épuisé. L'aller et retour à pied jusqu'au HLM familial fait quarante kilomètres.

Souvent, j'ai tenté de l'empêcher de partir.

– Il va t'arriver des problèmes; un jour, ça se passera mal. La prochaine fois que tu voudras t'en aller, dis-le, ne t'enfuis pas tout seul; va voir l'éducateur.

Pas de réponse. Il continue inlassablement son impossible quête. Parfois, on lui arrache au retour une bribe de prétexte :

– J'avais un truc à dire à la maison.

Ce truc à dire, je le devine. Ça ressemble à : « Aimez-moi! Qu'est-ce que j'ai fait pour que vous ne vouliez pas de moi, pour que vous me traitiez ainsi ? »

Il y a des enfants qui se savent mal aimés et ne l'acceptent jamais; qui cherchent perpétuellement la preuve du contraire. Cette quête peut les poursuivre toute leur vie. Ils n'arrivent pas comprendre que ceux qui les ont mis au monde refusent de les aimer. Ils se font tous les reproches. Ce sont eux les coupables. Ils doivent forcément être des moins que rien, ils doivent être détestables pour qu'on les rejette, qu'on les batte ou qu'on les fiche dehors!

Il est rare qu'un enfant arrive dans un foyer en disant qu'il ne veut plus de sa famille, même de la pire. Lorsque ça arrive, il s'agit en général d'une gamine violée par son père.

L'Indien est encore parti. Il s'est faufilé hors du dortoir en douce. Le lendemain, il était de retour, dans l'après-midi. Comme d'habitude, il avait fait tout le chemin à pied. Pour l'aller, il a dû marcher vite. Pour le retour, il n'est pas passé par la route. Il a marché à travers champs pour ne pas se faire voir.

Lorsqu'il a passé la grille du château et qu'il s'est avancé dans l'allée, il marchait un peu courbé, les mains dans les poches et en silence. Il aurait pu hurler, pourtant...

Ses cheveux noirs et brillants, aux reflets bleu lustré... Le cuir chevelu lui pendait sur les deux oreilles. Il était scalpé. C'était spectaculaire, tout ce sang sur lui, ce crâne où l'on voyait les os striés, d'un blanc de neige, comme une carte de géographie.

Il a eu droit à vingt-sept points de suture. L'Indien n'avait plus de cheveux pour un moment. Ce beau visage aux traits si purs n'en était que plus émouvant.

L'éducateur a demandé des détails. Accident ? Violence ?

– J'ai reçu un truc sur la tête à la maison.

– Quoi ?

– Sais pas.

– Quelqu'un t'a frappé ?

– Sais pas.

Personne n'a pu obtenir de lui une autre explication. Pas même les gendarmes, qui ont dû procéder à l'enquête. Plus tard, dans le HLM familial, ils ont appris... qu'une armoire normande était tombée juste sur le passage du gosse... Mais la barre de fer qu'ils ont trouvée dans la cave, sur laquelle il restait des cheveux collés et du sang, n'avait rien à voir bien sûr avec l' « accident ».

C'est donc à coups de barre de fer, intitulés « chute d'armoire normande », que l'on a fait comprendre à l'Indien qu'il ne fallait plus retourner là-bas, chez lui, chez eux. C'était la dernière fois qu'il s'échappait.

Il n'a plus jamais demandé à l'éducateur de le ramener dans sa famille. Il n'a plus jamais fugué.

Il est resté dans son coin ; il ne se battait même plus avec les autres gamins ; il participait toujours à tout, mais de loin, en marge des choses et des gens. Je n'entendais le son de sa voix que lorsqu'il avait vraiment besoin de quelque chose ou lisait un texte.

Personne ne pouvait rien pour lui. Ni moi, ni l'éducateur, ni les autres mômes. Peut-être que s'il avait parlé, ou pleuré, ou accusé... Mais l'Indien n'a jamais engagé de véritable conversation. Il avait obtenu sa « certitude ».

Aujourd'hui, il a vingt ans. Il deale de la came en ville. C'est une autre certitude.

Le carnet rose

Cette fois Hélène a avalé deux litres de produit de nettoyage pour les vitres.

Depuis deux ans que je la connais, elle entre à l'hôpital environ toutes les trois semaines. A seize ans et des poussières, elle est passée de foyer en foyer et, depuis un an, elle demande à l'administration l'autorisation de passer les week-ends chez un professeur. Mais le règlement l'interdit. Aucun parrainage n'est plus accordé aux membres du personnel, depuis qu'une collègue a mêlé un gosse qu'elle avait en parrainage à ses histoires personnelles. Du cas particulier, l'administration est passée à la règle générale. Donc pas de parrainage pour Hélène, pas de week-end hors du foyer. Prison.

Hélène avale tout ce qu'elle trouve, ce qui est bien décapant de préférence, et les lavages d'estomac se succèdent.

Dans le meilleur des cas, elle fugue. Elle revient en général au bout de quelques jours passés à vider des bouteilles de whisky, à fumer des saletés et à ingurgiter des stupéfiants de toutes sortes ; moyennant quoi, elle passe aussi dans les bras de qui la veut, ou qui la trouve, ou qui la réveille, la fait boire ou sniffer.

Cette fois, elle a préféré l'Éthanol-Butylglycol-quelque chose, celui qui laisse mieux passer la lumière que les autres, sans laisser de trace sur les carreaux.

Elle est blême sur son lit, à l'hôpital où je vais la voir pour la énième fois. Des yeux sans éclat, le cheveu collé, la peau boursouflée et la voix rauque d'avoir tant régurgité son désespoir en flacon.

D'habitude, c'est une ravissante adolescente. Le teint mat, de grands yeux à boire toutes les lumières du monde... Aujourd'hui, elle a une tête de serpillière, même si elle a l'air contente de me voir. Elle me tend un petit carnet rose orné d'un portrait de Minnie Mouse, cils démesurés, gaieté, Walt Disney en copyright. Au-dessus de la souris star est écrit en lettres dorées : « Journal intime. »

– Lis-le. Tu me le rendras après.

Tenir son journal intime, se parler à soi-même, c'est une thérapie comme une autre. Une psychanalyse de pauvre, la plupart du temps. Et, lorsqu'on le remet à quelqu'un, c'est pour pouvoir en parler. Je promets donc de lire et d'en parler.

L'écriture est minuscule, les lignes serrées. La première page est intitulée : « Mon enfer à moi. »

« *11 avril.*

On me demande toujours de rendre service et de travailler. Le reste du temps, je me fais taper par tout le monde : ma mère, mon père et ma sœur Laurence. Mon autre sœur Diane est gentille, mais elle est mariée et a quitté la maison. Laurence m'a toujours détestée, elle me dit sans cesse que je ne suis pas sa sœur et que je n'ai rien à faire dans cette maison. Elle fait des bêtises et les met sur mon dos, ça marche à tous les coups. Elle traite ma mère de tous les noms ; ma mère pleure et ne lui dit rien ; par contre, elle est de mauvaise humeur et se venge sur moi.

La veille de Noël, Laurence s'est disputée avec ma mère. Quand je suis rentrée à la maison, il y avait de la vaisselle cassée partout. Le pot de moutarde éventré s'était répandu par terre au milieu des restes du repas. En montant l'escalier qui mène aux chambres, j'ai rencontré mon frère Patrick, je lui ai demandé ce qui s'était passé, il m'a giflée. Ma mère était couchée sur le lit, les yeux rouges et le maquillage défait. Patrick venait de brûler tous les cachets, pour qu'elle n'en reprenne pas.

A la rentrée, Laurence a raconté partout que ma mère avait voulu se tuer à cause de moi, tellement j'étais mauvaise. Elle leur a dit aussi qu'il ne fallait plus me parler. Elle veut faire le vide autour de moi, et me pousser à partir. Si seulement je savais où aller, ce serait déjà fait.

14 avril.

Je sors avec François! Je suis heureuse!!! On reste ensemble à la récré, et le soir il m'attend à la sortie. Il ne m'a jamais tapée. Je l'aime. J'espère que ça va durer. Je ne demande rien d'autre à la vie, même plus d'être aimée par mes parents. Heureusement, parce qu'ils m'ont dit qu'ils ne voulaient plus de moi, parce qu'ils ne pouvaient plus me « saquer ».

15 avril.

Laurence raconte tout ce que je fais, et je me fais tout le temps engueuler.

Vendredi 18 avril.

François m'a raccompagnée jusqu'à la caserne des pompiers. On a rencontré Martine, mais elle m'a promis de ne rien dire à ma mère.

Dimanche 20 avril.

Je devais aller défiler à Villers, mais, comme il a plu toute la journée, ça a été annulé. Tant mieux. Je pense toujours à François, mon horoscope a dit que c'était du sérieux. A la maison, c'est de pire en pire. On me tape et on m'engueule.

23 avril.

J'en ai marre de me faire engueuler. J'ai un copain qui se drogue, il dit que c'est génial et qu'on oublie tout. J'essaierai.

Jeudi 24 avril.

J'ai essayé l'éther. J'aime bien.

9 mai.

Je prends maintenant de l'éther tous les jours. Jeudi, mes copains s'en sont aperçus. Ils ont fouillé mon cartable et vidé ma bouteille. Je n'en avais plus. Vendredi et samedi, je n'en ai pas pris. Dimanche, j'avais mal partout ; ma mère était partie au boulot, mon père travaillait. J'ai repris de l'éther. Vendredi, je suis allée voir l'assistante sociale. J'y suis allée seule ; demain j'y retourne avec François. Elle a dit qu'elle voulait le voir et qu'elle allait téléphoner à la maison pour voir ma mère. Même si je pars de chez moi, je n'oublierai jamais qu'ils m'ont laissée tomber. Je ne suis plus rien pour eux.

15 mai.

Mes parents sont au courant pour François. J'ai dérouillé. Même mon chien s'est jeté sur moi. Quand il a vu qu'on me tapait, il s'est élancé et m'a mordue au bras, que j'avais mis devant pour me protéger. Pourtant, je l'aimais bien Léo. De toute façon, personne ne m'empêchera d'aimer François. Lui, il est gentil avec moi. Je ne l'oublierai jamais.

16 mai.

Aujourd'hui, je suis allée à l'école, mais pas au cours. Ce midi, je ne suis pas rentrée chez moi, je suis allée à l'infirmerie à cause de François qui m'avait forcée à y aller. Ils ont dû appeler ma mère. Elle est arrivée avec l'assistante sociale et ma sœur. Elle m'a giflée et traînée jusqu'à la voiture. Elle m'a emmenée voir mon père à l'usine. Il est arrivé et il m'a giflée. Ensuite, elle m'a ramenée à la maison ; les flics sont venus. Elle a dû leur dire que je me drogue. Nous sommes convoqués au tribunal jeudi prochain.

Jeudi 22 mai.

Diane, ma sœur aînée, nous avait dit d'aller manger avec elle avant de partir. Je lui ai acheté des fleurs, mais ça a mis ma mère en colère. Elle m'a dit d'y aller toute seule et qu'elle ne viendrait pas manger. Elle a piqué une crise de nerfs et cassé plein d'outils à mon père. Après, elle m'a mis une volée parce qu'elle a dit que c'était ma faute.

Pour finir, mon père n'a pas voulu qu'on aille chez le juge.

Mercredi 26 mai.

François est parti en Angleterre avec sa classe. A la maison, c'est de pire en pire, j'en entends de toutes les couleurs. Je n'arrête pas de me droguer ; j'ai plus d'éther, et la mère a planqué la grande bouteille qui était dans la pharmacie. Je voudrais partir d'ici, mais il faut que je tienne, sinon je ne verrai plus François.

29 mai.

Laurence m'a traitée de droguée. Elle m'a dit de me tirer, que personne ne m'aimait et ne voulait de moi ici. Je lui ai mis un couteau sur le ventre et je lui ai dit de la fermer. Elle tremblait de peur. J'aurais dû la tuer, comme ça je serais en taule. Si je pars, j'espère que je ne la reverrai jamais.

Clarisse m'a fait les lignes de la main. Elle m'a dit qu'il m'arriverait un grand malheur. Il est là, tout près de moi, je le sais. J'écris en écoutant une cassette. Mes goûts ont complètement changé, même pour la musique. C'est la drogue qui m'a fait ça.

30 mai.

J'ai encore pris une volée. Des parents comme ça, ça ne devrait pas exister. Le monde est pourri.

Jeudi 12 juin.

Arrivée au CDE [1].

Vendredi 13 juin.

Rendez-vous chez le juge : je dois rester au centre.

Mardi 17 juin.

Je me suis battue avec Lucie.

Jeudi 19 juin.

Lucie est virée ! Elle a tapé sur Ghislain, Sylvie, Xavier et Claude.

12 août.

La vie au centre est triste et ennuyeuse. On a du boulot, on le fait, et après on s'embête. Depuis que je suis là, je suis allée trois fois en week-end chez moi, mais maintenant je n'ai plus le droit d'y aller. Mes parents ne veulent pas me voir, parce qu'on leur a enlevé les allocations pour moi. La vie, c'est dur. On serait mieux mort. Je voudrais avoir dix-huit ans pour partir d'ici et ne plus penser à ma pourriture d'enfance. Ils ne veulent même plus recevoir les éducateurs. Ils avaient juste besoin de moi pour l'argent.

1. Centre départemental de l'enfance.

8 septembre.

J'ai quitté le centre ce matin, on m'a transférée dans un nouveau foyer.

6 octobre.

Pendant les premiers jours, je n'ai rien fait. Après, j'ai eu une initiation à la vente, mais je n'y vais plus à cause de Denise. Je commence à faire de la déprime. Mercredi, je me suis battue avec Inès. Le soir, j'ai pris des cachets qui appartenaient à Victoire. Elle m'a dénoncée. Les éducatrices sont venues, et je suis rentrée en urgence à l'hôpital. Lavage d'estomac. Je suis sortie le lendemain, à dix heures.

12 octobre.

J'ai tenu jusqu'au mercredi suivant, mais là tout a recommencé. J'avais donné une plaquette de maquillage à Isabelle, parce qu'elle n'avait pas d'argent pour en acheter. Brigitte lui en a demandé. J'ai protesté en lui disant qu'il ne faudrait pas qu'elle vienne se plaindre quand elle n'en aurait plus. J'ai repris le maquillage à Brigitte pour le rendre à Isabelle. C'est là que Brigitte m'a attrapée et qu'elle m'a claqué la tête sur l'évier et sur la baignoire. J'ai perdu connaissance. Quand j'ai repris mes esprits, j'étais dans la chambre de veille. Il y avait de la lumière, mais l'éduc était sortie. Je suis montée dans la lingerie et j'ai bu toute la bouteille de produit à vitres. Les éducs m'ont trouvée et m'ont reconduite aux urgences. J'y suis restée une semaine. Ils m'ont mis un goutte-à-goutte et m'ont fait encore un lavage d'estomac. En sortant, j'ai décidé de téléphoner à ma mère. Peut-être qu'après tout ce temps elle s'ennuyait de moi. Si je lui disais que je suis malheureuse et que j'ai failli mourir, elle me dirait certainement qu'elle m'aime bien quand même, que je n'ai qu'à rentrer et qu'à la maison on ferait des efforts pour être un peu plus sympa.

J'ai appelé. Je lui ai tout raconté. Elle m'a traitée de droguée, elle m'a dit que je ne savais pas vivre, que j'étais une ratée, que j'aurais mieux fait de ne pas me louper. Alors, je me suis énervée, je lui ai dit que j'allais recommencer, que cette fois j'allais pas me manquer. Le soir, vers sept heures, j'ai repris des cachets que j'avais piqués à Elsa. J'ai écrit une lettre pour demander qu'on m'enterre avec les photos de Bénédicte, ma petite nièce, et je me suis couchée. Marie voulait que j'aille manger avec elle, alors elle est venue et m'a secouée. Comme elle arrivait pas à me réveiller, elle a appelé les éducs. Cette fois, je suis restée trois semaines à l'hôpital.

Vendredi 31 octobre.

A la sortie de l'hôpital, on m'a changée de foyer. Dès le lendemain, je me suis enfuie. On m'a rattrapée et envoyée chez les flics, qui m'ont renvoyée dans ce foyer de merde.

Il y a deux ans que je suis ici. Je n'ai même plus le courage d'écrire. Ils ne veulent pas me laisser partir en week-end chez Anne. Pour une fois que quelqu'un veut bien s'occuper de moi, ça leur ferait mal au ventre. »

Fin du carnet rose à tête de Minnie petite souris.

Ça s'arrête là. Il faut que ça s'arrête là. J'y mettrai le temps et la force qu'il faut, mais cette gamine sortira.

Elle a dix-sept ans. Depuis l'âge de quinze ans, elle cherche à se détruire ; elle court après sa mère ; elle se suicide ; elle téléphone : « Maman j'ai failli mourir », et l'autre qui répond : « Ne te rate pas la prochaine fois, espèce de conne. »

J'ai lu le carnet, maintenant je parle avec Hélène et je comprends l'essentiel. Une mère dingue, un jour sur deux. Une mère qui établit des préférences entre ses enfants, qui en accepte deux sur trois. Et la cadette qui entre dans le jeu, qui profite de la situation, devient hystérique à son tour et rejette ce que sa mère rejette. Et l'aînée qui vit sa vie et n'y peut rien. Et Hélène qui s'obstine :

– C'est pas vrai qu'elle m'aime pas. Elle va comprendre.

Ce qui n'est pas écrit dans le petit carnet rose, c'est qu'Hélène est ravissante – brune, des yeux immenses – et qu'elle promène son corps de quinze ans, puis de seize, de fugue en fugue en suivant une bande de Gitans qui lui font subir des horreurs. Parfois une confidence de la victime me fait frissonner :

– Ils me sont tous passés dessus. J'étais dans les vapes. Il y en a un qui m'a fait mal. Ils sont tordus.

Une nouvelle tentative de suicide, et elle recommence. Comme si la perdition totale, définitive – mentale par la drogue, physique par la volonté de mort – n'était pas encore suffisante, elle y ajoute l'humiliation sexuelle.

Aujourd'hui, « ils » ont enfin compris au foyer qu'elle ne pouvait pas survivre en communauté. Aujourd'hui, elle vient chez moi. C'est un risque. Comme d'habitude, je le prends sans trop réfléchir, si ce n'est à Hélène. Et je reçois le plus beau cadeau qu'elle puisse faire à celui qui accepte enfin de s'occuper d'elle.

Il y a sur la télévision une bonbonnière vide. Elle l'ouvre et place à l'intérieur une petite chose blanche, rectangulaire, comme une petite craie.

– C'est ma dernière barrette de « tosh ». Tu pourras regarder tous les jours si elle y est.

J'ignore complètement ce que « tosh » veut dire. C'est de la drogue, et ça me suffit.

Durant les six mois qu'elle a passés à la maison jusqu'à sa majorité à dix-huit ans... pas touche au tosh... La petite craie blanche est restée dans sa bonbonnière. Hélène s'est calmée complètement, comme une mer démontée après une tempête de deux ans. La dernière vague a trouvé son rivage et s'y laisse reposer, s'y étale, sans turbulence, si fatiguée.

Puis reposée, adulte, s'en va chercher du travail pour subsister jusqu'à la saison nouvelle.

Elle n'est pas loin, je sais ce qu'elle fait et elle vient quand elle veut, là où elle sait qu'on l'aime. « On » : la compensation nécessaire à ceux qui se demanderont toujours, comme Hélène :

– Merde, pourquoi « elle » m'a pondue si « elle » me voulait pas ?

Le p'tit con

La tête d'un gosse entre deux gendarmes. Les deux uniformes comme deux piliers bardés de ceinturons, de revolvers et de képis, et ce blue-jean de cinquante centimètres, en tortillon, avec un pull-over déglingué. Quatre chaussures noires et une petite paire de tennis couvertes de boue.

Le trio franchit le portail du château, avance dans l'allée, où un éducateur se précipite à la rencontre du contrevenant pour lui allonger une paire de gifles en plein visage :

– P'tit con ! Qu'est-ce qui t'a pris ? Tu pouvais pas cambrioler la Banque de France, pendant que tu y étais ?

Immobilisme soudain. Une paire de gifles, c'est rare. Celui qui l'a donnée impulsivement est paralysé par son geste. Celui qui l'a reçue reste sans voix. Les gendarmes, eux, n'ont pas d'opinion manifeste. Leurs mains sur les épaules du gosse n'ont pas bougé, une de chaque côté, lourdes menottes de chair sans état d'âme.

Le gosse lève des yeux secs sur le donneur de

claques, ses joues ont rougi brutalement sous l'impact, mais les tennis n'ont pas vacillé, il se tient droit comme un voleur expérimenté, habitué à être rattrapé, secoué, invectivé, puni.

Un gamin m'explique qu'il s'agit d'un nouveau, arrivé samedi matin, il s'appelle Jean.

– Y s'est barré le samedi soir. Il a piqué une bagnole, y paraît, et il a cassé la vitrine du Shopi à Bény.

Piquer une bagnole, casser une vitrine... Il a quel âge ce môme ? Dix ans, tout juste.

Il est sommé d'aller chez le directeur se faire remontrer le sens des valeurs et de la propriété d'autrui. Les gendarmes lèvent leurs grosses pattes, et le blue-jean se déhanche avec désinvolture jusqu'au bureau des engueulades.

Une heure après, on me l'amène en classe. Il est silencieux, je l'installe au côté de Philippe, le bon vivant, dont j'espère qu'il va dégeler ce petit gangster au visage fermé.

A la fin de l'après-midi, je décide de le garder un moment avec moi, après avoir renvoyé les autres. Il n'a pas dit un mot, n'a pas ouvert un livre ni un cahier. En fait, il n'a pas bougé de la journée, assis, résigné, isolé des autres gosses.

Je m'installe près de lui.

– Salut, je m'appelle Marie-Jo, et toi ?

Je n'obtiens pas la grâce d'une réponse.

– Tu t'appelles Jean ?

– M'emmerde pas, j'en ai marre !

– Moi aussi, j'en ai marre. Qu'est-ce que tu crois ?

Il hésite et me regarde, partagé entre des larmes qu'il retient et un sourire provoqué par ma réponse. Il se décide :

– T'en as marre de quoi, toi ?

– De tout ! De ce que je suis, de ce que je fais ! Ça m'arrive quelquefois, mais pas tout le temps. Et toi ?

– Ben, moi aussi.

– T'as quel âge ?

– Dix ans.

– Un peu jeune pour conduire, non ?

Ça le fait rigoler, il se détend. J'ai atteint le petit déclencheur de confiance. On ne réussit pas toujours du premier coup. Il aurait pu m'envoyer sur les roses, genre « De quoi tu te mêles ? » ou détaler sans répondre.

– J'en ai marre, je veux pas rester là, c'est comme une prison. Faut que j'écrive à mon père, y va venir me chercher.

– Il est où ton père ?

– Je sais pas. Et je sais pas écrire, alors...

– On peut apprendre à écrire, tous les deux, si tu veux. Pendant ce temps, les éducateurs chercheront l'adresse, d'accord ?

Oh, je sais ! La ficelle est grosse. Mais, pour apprendre à écrire à un gosse de dix ans comme lui, petit voleur patenté et débrouillard de force, il faut un mobile. Je sais que le mobile, ce père qui a déposé son môme comme un paquet encombrant le samedi, est reparti pour Bordeaux, à des centaines de kilomètres d'ici et dans l'anonymat des bistrots. Mais on lui écrira.

J'ai droit à un sourire. Jean-la-Débrouille a trouvé un moyen-débrouille de garder l'espoir.

Quant à moi, j'ai atteint mon but; je ne suis là que pour cela. Mon rôle est de donner à ces gosses les bases scolaires qui leur manquent; c'est l'arme indispensable pour entrer dans la vie. Pour le reste, ils ont des psychologues, des gens qui leur expliquent que ce qui leur est arrivé est pénible, mais qu'ils doivent vivre avec. Moi, je suis éducatrice ou enseignante, ça dépend des années; les gosses m'arrivent après le désastre et il faut essayer de reconstruire quelque chose qui a été piétiné; leur personnalité, leurs sentiments. Mais je ne leur dis qu'une chose :

– Je peux t'apporter le moyen de te faire coûte que coûte une place au soleil. Parce que tu y as droit. Il faudra te battre pour l'obtenir, parce que personne d'autre ne te l'offrira.

Je leur fais comprendre qu'on les a exploités et qu'il faut que cela cesse. Qu'ils ne doivent plus jamais se laisser faire, qu'ils doivent trouver les moyens de se défendre. Sans savoir lire et écrire, ils ne le pourront jamais. Et je ne leur donne pas des contes de fées : s'ils ont dix-sept ans, je leur apprends à lire sur un contrat de travail et à rédiger une lettre pour le juge d'enfants, afin qu'ils puissent exprimer toute la colère qu'ils portent en eux. Je travaille à partir de leur vie.

Je refuse de faire une croix, d'admettre l'échec du départ. Je leur donne un but, celui qu'ils n'ont pas pu réaliser, qu'ils ont en rêve.

Jean est un révolté, un petit gangster en herbe, mais je préfère encore avoir affaire à ce genre de gosse. Il a de l'énergie, il suffit de la canaliser. J'ai connu un autre « p'tit con », qui n'avait plus d'énergie, ne se révoltait contre rien, ne désirait plus rien, incapable de voler même une toupie dans un casier. Il s'est suicidé.

Jean a de l'énergie à revendre. Il fuguera encore, peut-être, et à nouveau on nous le ramènera entre deux gendarmes, mais je m'en fiche, si avec lui je tiens le bon bout : lire, écrire. Et ça, c'est l'espoir d'exister vraiment, de se faire comprendre et admettre, de trouver du travail.

Jean ne fait pas partie des gosses qui me répondent parfois :

– Tu m'emmerdes, j'ai pas envie, je m'en fous.

Il a souri. Il a quitté la salle de classe en rigolant, pour raconter aux autres ses exploits de casseur de vitrines et de voleur de bagnoles. Mais il apprendra à écrire pour dire qu'il en a marre d'être en prison à un père qui viendra ou ne viendra pas le libérer.

Jean a une ancienneté de « récidiviste » considérable, pour ses dix ans. Depuis son berceau, il a assisté à son premier fait divers. Le père a tué la mère. Le père en prison, la mère au cimetière, le berceau est parti chez la grand-mère paternelle. Si je calcule bien, la peine du meurtrier n'a pas été très lourde, puisqu'il est ressorti de prison alors que Jean devait avoir à peu près sept ans, l'âge dit de raison.

Au nom de la tradition qui veut qu'un enfant

soit mieux avec ses géniteurs qu'avec n'importe qui d'autre, le père reprend donc l'« éducation » du fils. Et Jean suit son père de café en café. Parfois, il reste seul plusieurs jours avec un peu d'argent pour subsister. Et, lorsque l'argent fait défaut, Jean se débrouille. Il a raconté à l'éducateur qu'il démontait les roues de voiture sur le parking de Carrefour pour aller les revendre à un casseur.

J'apprendrai au voleur à écrire : « Papa, viens me chercher, j'en ai marre d'être en prison. »

Les claques et les gendarmes, ce n'est pas mon rayon.

Deux petites catins

Elle est assise sur le muret de pierre grise qui sépare la cour de récréation de la cour du château. Elle a passé Noël au foyer. Jamais de sorties, jamais de visites, et elle n'en attend pas. Elle sait que sa « punition », c'est la solitude, pour avoir osé parler et dire ce que son père lui avait fait.

Grande, mince, des cheveux noirs et bouclés tombant sur les épaules, à quinze ans elle a déjà un corps de femme.

On l'a retirée de sa famille à treize ans, et elle m'a raconté, entre deux crises de larmes, les sévices sexuels qu'elle a subis. Son père d'abord, et les amis du père. Il leur « prêtait » sa fille.

Sa mère lui a dit :

– A cause de toi, notre vie est fichue. On aura sans arrêt les assistantes sociales à la maison pour tes frères et sœurs ! Les voisins vont nous tourner le dos.

Alors, à quatorze ans, elle a fait son choix et, lorsqu'on l'a confiée aux services sociaux, elle a hurlé sa haine et son mépris à cette famille qui la reniait après s'être servie d'elle. Je l'ai entendue crier :

– Allez vous faire pendre, tous ; je vous déteste tous ; je ne veux plus vous voir, jamais !

Et elle a tenu bon, sans jamais demander de sortie. La seule chose qui lui manque, c'est son petit frère. Il avait quatre ans lorsqu'elle est partie, et elle s'en occupait depuis sa naissance. Elle lui a acheté une peluche au dernier Noël et l'a gardée dans sa table de nuit.

Delphine servait de bonne à tout faire au domicile familial. Les courses, la cuisine, le ménage, s'occuper des frères et sœurs... Elle avait très peu de temps pour apprendre quelque chose en classe. Résultat, elle sait à peine lire et écrire à l'âge où les adolescentes dévorent les romans d'amour et les magazines.

On l'a prise pour un objet sexuel et pour une bonniche. Elle en est tellement consciente que la haine ressentie pour cette famille d'exploiteurs n'est pas près de s'éteindre. Non seulement elle se sent salie, abîmée par tout ce que le père lui a fait subir, non seulement elle a pris des coups et souffert physiquement, mais elle se sait en plus intellectuellement pauvre. Elle est esquintée dans tous les domaines. Pourtant, elle cherche à acquérir un peu de ce qui lui manque. Parler, avoir des rapports avec les autres. Elle ne sait pas parler. Elle ne sait plus, devrait-on dire. Elle bégaie. Le handicap est terrible. Se retrouver en groupe dans une classe où certains gosses de cinq ans s'expriment mieux qu'elle, où d'autres, à dix ans, lisent mieux qu'elle ;

se retrouver quasiment au cours préparatoire à quatorze ans, pour ânonner une lecture... S'entendre dire par des mouflets hauts comme trois pommes :

– Oh, toi, ça va, tu sais même pas lire, alors tais-toi !

Je ne lui demandais rien, aucune confidence, mais, quand nous commencions à parler du problème scolaire, le reste suivait. Elle arrivait à me parler, justement parce que je ne lui demandais pas de le faire.

Un jour nous avons eu une scène toutes les deux, en classe. Elle faisait partie des enfants que l'on projetait d'envoyer en psychanalyse. Les éducatrices voulaient l'emmener chez un psychothérapeute. C'était une angoisse terrible pour elle. Nous étions en séance de calcul et elle regardait sans cesse sa montre.

– De quoi tu as peur ?

– J'irai pas. Il va vouloir que je lui dise tout, je peux pas. Je peux pas lui dire. J'ai rien à lui dire, je dirai jamais ça à personne.

Et la voilà qui envoie promener le livre, les cahiers, les crayons. J'ai réagi avec la même violence qu'elle :

– C'est pas une raison pour bousiller le matériel ! On en a besoin ! A quoi ça sert de te venger là-dessus ?

Elle a fondu en larmes, une bonne grosse crise, celle qui libère le nœud de l'angoisse :

– Ça sert à quoi qu'on m'y emmène de force ? Je vais m'asseoir sur une chaise et je dirai pas un mot. Quand ils verront que ça sert à rien et quand on m'y aura traînée quatre ou cinq fois pour rien, on arrêtera de me forcer.

Comment essayer de la convaincre qu'on la contraint pour son bien, quand elle est absolument convaincue que ça ne peut pas lui faire de bien.

– Tu te vois, toi, en train de raconter que ton père t'a violée, comment il a abusé de toi, avec ses copains, et qu'ils rigolaient tous ? Tu te vois en train de dire ça ?

– C'est ton droit de garder ça pour toi. Personne ne peut t'obliger à le dire...

– Alors, dis-leur ! Explique-leur, toi !

Elle était en colère contre moi. Je prétendais lui apprendre le calcul, je devais aussi être capable de la protéger de l'angoisse. Et cette angoisse, avant tout, c'était l'incapacité pour elle de dire aux éducateurs : « Je ne veux pas de votre psychanalyse. » C'est cela qu'elle n'arrivait pas à exprimer.

Il y avait deux peurs. La peur de dire non, c'était la peur de sa peur.

J'ai pensé : « Si je refuse, pour elle je me défile. Et si je me défile, elle ne me fera plus confiance pour lui apprendre un mot... » D'un autre côté, je n'avais pas le droit d'intervenir à sa place. De dire les choses pour elle. Je ne savais pas comment faire, mais je ne pouvais refuser de l'aider.

– Écoute, vas-y comme si tu y allais en promenade. Ça te fera prendre l'air quelques heures. Les autres gosses t'envient de pouvoir sortir pour aller chez le psy. Profites-en. Là-bas, tu tomberas peut-être sur quelqu'un de sympa, quelqu'un qui ne te brusquera pas, qui ne te forcera pas à dire des choses que tu n'as pas envie de dire. Tu lui parleras de la pluie et du beau temps... et tu reviendras. Prends ça comme une balade. Elles sont rares les balades. Personne ne t'obligera à parler de « ça ».

Je ne suis pas psychothérapeute. Comment la réconforter ? Impossible de lui dire que tout « ça » n'est pas grave, ça l'est ! J'ai essayé de lui expliquer que, sous l'emprise de l'alcool, les gens ne savent pas toujours ce qu'ils font, mais c'est une piètre explication. Si elle n'avait été violée qu'une fois par un père alcoolique, l'argument tiendrait peut-être la route, et encore. Dans le cas de Delphine, le père n'a pas la moindre excuse. Elle le déteste. Elle le traite de sale bête malfaisante. Mais l'image paternelle est toujours gravée en elle, celle du début, de l'enfance, de l'amour pur. Être torturée et violée par un inconnu, c'est déjà atroce, mais par quelqu'un qu'on aime, c'est insoutenable, et pour la vie. Souvent, j'ai peur que son avenir soit irrécupérable.

Elle est jolie dans la lumière d'hiver, sur ce mur gris, penchée sur sa copine Patricia qui a l'air de sangloter.

Patricia, quinze ans, boulotte, cheveux blonds et raides, c'est tout le contraire.

La brune doit être à court d'idées pour consoler la blonde, car elle m'appelle.

– Elle a encore eu des emmerdes avec sa mère, pendant les vacances.

Les « emmerdes » entre Patricia et sa mère, c'est couru d'avance. Je prends les devants :

– Écoute, quand elle t'a téléphoné pour te dire de venir à Noël, je t'avais dit de te méfier. Chaque fois, c'est pareil, tu le sais. Elle te fait venir, elle est gentille et, la seconde d'après, elle te fait les pires vacheries et te flanque dehors. Et toi, tu fonces, tu recommences. Je parie que, la prochaine fois, tu y retourneras en courant !

Les yeux rougis et gonflés de larmes de Patricia, je les retrouve après chaque visite chez elle ainsi que ce ton, plaintif et volontaire à la fois.

– J'y retournerai plus ! Ça, jamais ! Après ce qu'elle m'a fait !... On devrait la remettre à l'hosto. Elle est complètement dingue !

– Qu'est-ce qu'elle t'a fait ?

– Quand je suis arrivée, tout allait bien. Elle avait touché sa pension, on est allées faire des courses, on a acheté à manger et à boire. Du vin et du champagne pour Noël. J'ai demandé si je pouvais inviter un copain à moi, elle a dit oui. On a préparé le repas, toutes les deux ; c'était sympa, et mon copain est arrivé. Il a offert des fleurs à ma mère, et à moi une chaîne avec le signe du Lion. J'étais vachement contente. On a mangé, on a mis de la musique, c'était bien, sauf que ma mère m'envoyait tout le temps dans la cuisine chercher des trucs, de l'eau, du pain, une éponge ou changer les assiettes. A la fin, j'en ai eu marre, je me suis planquée derrière la porte et je l'ai vue embrasser mon copain. Alors, je les ai traités de tous les noms, j'étais furieuse. Ma mère s'est levée, elle m'a giflée. Alors, je lui ai balancé qu'elle était trop vieille pour sortir avec mes copains... Ça l'a fichue en rogne, elle a pris la bouteille de champagne et elle me l'a cassée sur la tête... Après, elle a essayé de me passer par la fenêtre, elle me poussait dehors ; moi, j'étais dans les vapes, à cause du coup sur la tête, et mon copain, il essayait de me tirer de son côté. J'ai pas bien vu et rien compris, c'est lui qui m'a raconté. J'entendais hurler, lui et ma mère, et, après, les voisins sont sortis, ça criait aussi. Ils disaient qu'elle voulait me tuer et qu'il fallait appeler les pompiers. Je me suis réveillée à l'hôpital avec un œuf de poule sur le crâne... J'y retournerai plus, ça c'est pas demain la veille !

– Patricia, il faut raconter ça à ton éducatrice.

– Ah, ben, non, alors ! Elle va en parler en réunion, et après je pourrai plus sortir en week-end.

Delphine la brune bondit d'indignation :

– Mais tu viens de dire que tu voulais plus y aller !

Pour elle qui a renoncé définitivement à une famille qui lui fait honte, l'obstination de sa copine à retourner chez sa dingue de mère est incompréhensible. Elle, elle n'a pas bougé d'ici depuis deux ans. Elle se dit forte, alors qu'elle pleure la nuit sur la peluche inutile.

Patricia se met à geindre :

– Je vais pas rester à moisir ici toute l'année !

Elles sont copines, complices, mais ne s'épargnent pas les vannes. La brune traite la blonde de mollusque. La blonde traite la brune de croûton qui moisit au château.

Plus les gosses souffrent et moins ils craignent d'égratigner les autres, de leur balancer leur vérité.

J'ai une idée derrière la tête : demander à la prochaine réunion de synthèse des sorties libres pour les deux filles. Le mercredi et le samedi, par exemple. A quinze ans, elles ont bien le droit de se balader un peu en ville. Ça leur changerait les idées. Il suffit de surveiller l'heure de sortie et de rentrée, que quelqu'un les dépose à un endroit et les y reprenne à une heure convenue.

Encore faudrait-il convaincre l'équipe des éducateurs. Chaque fois qu'il s'agit de prendre une décision, il y a les pour et les contre. J'ai horreur de ces réunions où tout le monde pérore, à mon avis pour ne rien dire. D'habitude, je reste dans mon coin et je les laisse parler. Toutes ces palabres m'énervent.

Cette fois, je prends mon courage à deux mains, je parle la première, j'expose mon idée avant que les péroraisons commencent. Je peux obtenir l'accord de presque tous, sauf de La chef. Madame l'éducatrice en chef porte toujours des jupes plissées informes et un air de reproche permanent. Elle est contre avant même que je finisse de parler. Cette femme est une catastrophe ambulante, le prototype de la vieille fille acariâtre, jamais maquillée, la cinquantaine en avance. Quand elle est de service, les gosses marchent à la baguette, la paire de gifles à volonté. J'ai vu des marques sur les joues des plus petits, qui m'ont mise dans une colère noire. Si cette guigne en jupon me laisse une chance, une seule fois, je la balancerai sans hésitation. C'est elle qui prend la parole évidemment, le ton dédaigneux.

– Des sorties ? C'est n'importe quoi ! On ne va pas laisser traîner des gamines toutes seules en ville ! Ce serait le début du laisser-aller. Je m'y oppose formellement ! Elles ne feront que courir les cafés et les garçons.

Petit silence et précision de la bonne éducatrice :

– Surtout ces deux-là... Je vois clair dans leur manège ! Deux petites catins toujours à tourner autour du pavillon des garçons !

Il me prend parfois des envies de meurtre.

– Les filles de quinze ans courent après des garçons ? Et alors ? C'est comme ça que va le monde. C'est ainsi que ça fonctionne, ici surtout. Les filles n'ont personne, elles cherchent de l'affection. Chaque année, nous en avons deux ou trois enceintes avant l'âge de seize ans. Malgré cela, on les boucle jusqu'à dix-sept ou dix-huit ans, on leur impose des sorties encadrées, surveillées et, du jour au lendemain, on les propulse en ville toutes seules dans un studio, pour cause de majorité !

Les autres reprennent mon argumentation, et le garde-chiourme de service est vert de rage, mais doit se conformer à la majorité. Les gamines sortiront en ville un samedi sur deux et un mercredi sur deux.

Premier résultat de cette décision, Delphine et Patricia ne font plus de fugues. Excellente chose, car, chaque fois qu'elles faisaient le mur, c'étaient des histoires infernales. On les accusait de faire de la provocation en ville, de « coucher à droite et à gauche avec le premier venu », de voler dans les grands magasins...

Pour l'instant, elles respectent les horaires, elles vont au cinéma ou font du lèche-vitrine. Elles se sont fait des amis en ville, et c'est bon pour elles de rencontrer d'autres gens que ceux du château.

Aujourd'hui, je suis en avance, j'apporte pour les deux grandes des échantillons de maquillage que la pharmacienne du village m'a donnés pour elles. Je ne les trouve pas dans la cour. Une des petites me zézaie :

– Elles sont au dortoir, elles essaient des jupes ! On n'a pas le droit d'entrer.

C'est curieux. Ce n'est pas le moment de la « vêture » officielle. J'ouvre sans bruit la porte de la pièce et j'entends la voix de Delphine râlant contre Patricia :

– Merde, regarde ce que t'as fait !

– T'es marrante, je l'ai arrachée avec les dents...

– Moi aussi, je l'ai arrachée avec les dents, mais j'ai pas fait de trou !

– C'est pas ma faute, c'est leur saloperie de plaque de sécurité ! T'avais qu'à la « tirer » toi-même si t'es si douée ! Et puis, t'auras qu'à y mettre un bout de sparadrap avec un coup de feutre noir, ça se verra pas !

– T'es malade ou quoi ? Je vais me trimbaler dans une jupe en cuir avec un morceau de sparadrap au cul ?

Voilà. C'est bien fait pour moi. Je commence à comprendre pourquoi elles ne faisaient plus de fugues. Elles n'en ont plus besoin. Les autorités leur ont donné la permission de faire leurs bêtises en toute tranquillité. Moi, surtout. Moi, qui les regardais rentrer à l'heure avec leur visage d'ange, j'ai la désagréable impression de m'être fait posséder. J'aurai bonne mine devant le garde-chiourme! Je l'entends d'ici hurler que « ces pauvres chéries avaient tellement besoin de respirer à l'extérieur qu'elles ont pillé les grands magasins, rayon cuir ». Espérons encore qu'on ne verra pas rappliquer les surveillants de tous les Monoprix du coin. Qui peut « tirer » des jupes en cuir peut piquer n'importe quoi, n'importe où.

C'est ma faute. Je n'en dormirai pas de la nuit.

Mais je ne les dénonce pas, je n'en ai pas le courage. Je repars avec mes échantillons minables, complètement furieuse. Elles ont dû dévaliser le stand de parfumerie sans problème et possèdent sûrement les modèles grandeur nature.

Échec. Je me souviens d'un gamin qui piquait des voitures et à qui j'avais tenté d'expliquer un jour qu'en faisant son stage de mécanicien il gagnerait suffisamment d'argent pour s'en offrir une!

– Tu parles! Même en bossant comme un con pendant des mois, j'arriverai qu'à me payer une vieille deuche pourrie... File-moi une épingle à cheveux et toutes les BM sont à moi.

On a beau leur donner ce qu'on peut, ce dont ils ont besoin, les gosses comprennent vite qu'il est beaucoup plus facile de le voler que de le gagner.

Mieux, ils en arrivent à penser que le risque encouru les rend propriétaires en quelque sorte de l'objet dérobé. Combien de fois ai-je entendu :

– C'est à moi ! C'est moi qui l'ai tiré ! Si tu le voulais, t'avais qu'à le faucher toi-même.

Vengeance, compensation de tant de choses...

Officiellement, ce sera de la délinquance. On apprendra dans les livres de psychologie que c'est le résultat, entre autres, de carences affectives et scolaires, de l'apologie du luxe développée par les mass media : publicité, télévision, magazines... Et après ? L'échec vient de ma tentative de leur donner un peu plus de liberté, qui les a poussées à en prendre encore davantage. Il est des portes qu'il faut savoir ouvrir avec prudence.

A la prochaine réunion de synthèse, je suggérerai de faire surveiller les sorties des deux filles, sous un prétexte fallacieux : ce n'est pas parce que les fugues ont cessé, qu'il faut compter avoir résolu tous les problèmes.

Et je me garderai bien de dire le reste.

Patricia a demandé de passer les week-ends chez sa grand-mère. Delphine ne se prive pas de lui faire remarquer :

– Ça fera comme avec ta mère. Elle t'a jamais battue, ta grand-mère ?

– Si, le jour où j'ai coupé les poils du chat avec un ciseau... et puis aussi, le jour où j'ai mis du sel dans le café de mon oncle.

De fil en aiguille, elle nous avoue pour la

première fois pourquoi elle a été confiée aux services sociaux.

– Ma mère avait un nouveau copain, elle l'a quitté. Quand il était là, elle ne me battait pas, parce qu'il n'aimait pas ça. Quand on a déménagé, j'ai cassé de la vaisselle et elle m'a recogné dessus. Elle a retrouvé un nouveau copain. Y avait pas de cuisine dans cette piaule. Avec ma sœur, on dormait dans une pièce et ma mère dans une autre. Elle buvait, le copain aussi. Au bout d'une semaine, j'en ai eu marre, je voulais retourner chez la grand-mère. J'ai pris un tube de cachets à ma mère, j'en ai mis neuf dans ma main, et, quand ma mère est entrée, j'ai avalé le tube d'un coup. Elle a appelé les pompiers. On m'a fait un lavage d'estomac et je suis rentrée à la maison. C'est là que le nouveau copain de ma mère s'est tiré. Moi, j'étais bien contente, mais pas elle. Alors, elle a ouvert le gaz, et les voisins ont appelé encore une fois les pompiers. Ils ont emmené ma mère, et c'est comme ça que je me suis retrouvée là...

Récit brutal d'une vie courte et tumultueuse. Patricia parle de suicide avec un naturel qui fait peur, comme si la solution à ses problèmes de coexistence avec sa mère frisait toujours la mort.

Delphine, faussement contente pour Patricia, car elle voit à l'horizon des suites de week-ends sans sa copine, demande négligemment :

– T'es sûre que c'est d'accord, avec ta grand-mère ?

– Sûr que c'est sûr ! Les éducs ont dit d'accord.

– Eh ben, j'espère que tu pourras y aller bientôt !

Le ton de ce souhait semble plutôt dire : « Ça marchera pas, tu reviendras bientôt... c'est couru d'avance ! »

Delphine est enceinte. Ici, on propose toujours la pilule aux filles dès leurs premières règles. On organise les distributions de bonbons roses, mais elles oublient, ou bien veulent oublier, ou encore nous cachent qu'elles sont enceintes et on le découvre trop tard.

Pour Delphine, il n'est pas encore trop tard. Elle entre à l'hôpital ce matin, pour une interruption volontaire de grossesse. A quinze ans, elle ne se sentait pas prête à devenir maman.

Le soir, je vais lui rendre visite. Dans sa chambre, une gamine de son âge, qui vient de subir la même chose, entame avec entrain un potage de légumes, comme si rien ne s'était passé. Delphine a un petit visage de catastrophe, tout pâle, et s'accroche à mon cou :

– Ils ont pris mon bébé. Ils me l'ont arraché... Va les voir, dis-leur qu'ils me le rendent !

Elle délire, et je ne sais pas quoi faire, quoi dire. Personne ne l'a forcée : on lui a donné le choix, on lui a expliqué. Elle est venue de son plein gré, l'air détaché. Pourquoi cette fièvre soudaine ?

– Je voulais pas, je savais pas. Ils m'ont pris mon bébé ! Rendez-moi mon bébé ! Je veux mon bébé !

J'appelle l'infirmière, que je dérange. Elle a autre chose à faire que de calmer les nerfs d'une gamine qui vient d'avorter.

– Ne vous inquiétez pas. C'est une réaction parfaitement normale, elle ira mieux demain !

Et l'infirmière disparaît avant que j'aie le temps de placer un mot.

Obstinée, je vais « déranger » une autre infirmière du service. Celle-là veut bien m'expliquer le « normal » de la chose ; il me reste à l'expliquer à mon tour à la gamine sanglotante. Pas facile. Durant la grossesse, l'organisme se prépare physiologiquement à la maternité. En cas d'interruption brusque du processus, le corps et l'esprit sont en manque : toute cette préparation s'est faite pour rien. Ce genre de réaction est fréquent. Ça peut aller jusqu'à la dépression.

– Ça passera...

La jeune mère frustrée fait partie des femmes qui prennent en plein ventre et plein cœur l'arrachement d'un fœtus qu'elles couvaient, depuis deux mois et demi, sans en être conscientes. Cette conscience vient de remonter à la surface.

– Je veux mon bébé ! Rendez-moi mon bébé !

Delphine a connu la vie sexuelle d'une femme dès l'enfance, viol compris ; elle a abordé la maternité à l'adolescence et renié son enfant avant qu'il vienne au monde. Elle hurle comme une femme et n'est toujours pas une femme. Je ne sais pas ce que je peux faire pour elle, comment l'aider, alors je la berce comme un bébé.

Un an plus tard, Delphine est à nouveau enceinte, mais cette fois elle veut garder l'enfant.

– Par quel bout ça se prend, un bébé ?

Seize ans. On va l'envoyer dans un foyer pour mères célibataires. On la préparera à l'accouchement, à s'occuper d'un bébé. On lui apprendra l'alimentation, l'hygiène. Ensuite on la placera dans un studio avec une autre mère de son âge. C'est un intermède entre l'assistance totale et le départ dans la vie.

La première chose que fera Delphine, comme les autres, sera de demander son émancipation. Pour ne plus dépendre de la DDASS. On la lui accordera, et c'est une erreur, à mon sens.

Les cinq lettres de l'immatriculation, pour eux, c'est comme une marque au fer rouge. Mais, jusqu'à dix-huit ans, vingt ans même, dans certains cas, le fait d'être immatriculé entraîne une aide matérielle. On garde le droit à la « vêture », par exemple. On reçoit mille deux cents francs par trimestre. Ce n'est pas une fortune, mais ça aide à payer la location du studio, les couches-culottes et le reste. Pour l'enfant, il existe une allocation supplémentaire.

La liberté, c'est aussi le minimum du minimum. Une maigre allocation pour parent seul. Et, à seize ou dix-sept ans, la mère de famille se retrouve dans la misère, livrée à elle-même, à la recherche d'un boulot et d'une nourrice qui avalera le fruit de ce boulot.

Delphine est partie, elle a quitté le foyer, avec son ventre rond, sa jolie gueule et ses boucles brunes. Je l'ai perdue de vue, comme beaucoup d'enfants qui ont traversé ma vie professionnelle.

Des météores qui vous éblouissent, vous égratignent au passage et disparaissent. On m'a dit qu'elle avait accouché d'une petite fille. La « petite catin » est lâchée dans le monde.

Il m'arrive parfois de rencontrer une gamine, une ancienne, et de lui dire :

– Tiens, je ne savais pas que tu avais une petite fille !

– C'est pas la mienne, c'est celle de Véro...

Véro, ou Isabelle, ou une autre...

– Ah bon, elle est là, Véro, je peux la voir ?

– Véro, ça fait trois mois que j'ai plus de nouvelles, elle est partie. Je devais lui garder sa fille deux heures, et voilà, je l'ai toujours.

La nouvelle mère ne se pose pas de questions. Elle achète la Blédine et le pyjama ; elle lange. On lui a laissé une môme en « dépôt-vente ». Ça se passe comme ça. On n'avertit pas l'administration, on se débrouille entre « anciennes », en attendant...

Il y a celles qui assument, celles qui croient pouvoir assumer, celles qui flanchent et déposent leur paquet chez la copine, sans se demander si la copine en question assumera mieux qu'elles ou si leur progéniture se retrouvera à la DDASS, sans qu'elles l'aient voulu. La seule chose sûre, c'est qu'une fille de la DDASS n'abandonne pas d'elle-même son enfant à la DDASS. En tout cas, je n'en connais pas d'exemple.

Delphine, c'est l'histoire d'une enfant qui a eu un enfant. Je ne connais pas la suite. J'aimerais bien qu'elle ait pu l'élever et que cette petite fille l'ait lavée de cette « saleté de viol » dont elle parlait.

– On se sent sale pour toujours, disait-elle, coupable alors qu'on est victime... On passe son temps à se laver, à vouloir être propre, sans y parvenir, jamais.

Fumée de cigarette

– T'as du pot toi, tu rentres chez toi tous les soirs...

En effet, je partais. J'étais déjà pratiquement à la porte. Leïla regarde cette porte et moi qui m'en vais. Elle a besoin de parler...

Seize ans, superbe, de longs cheveux noirs ondulés, des yeux sombres intenses et une bouche pulpeuse. Leïla est la nouvelle star du foyer, elle exerce déjà une fascination étrange sur les autres filles. Les commentaires sont significatifs : « T'as vu les fringues qu'elle a ? Super ! Qu'est-ce qu'elle est belle ! » Leïla est arabe, du genre gazelle, souple, élégante et désinvolte.

Elle allume une cigarette, aspire profondément la fumée et me suit jusqu'à la voiture.

– J'aimerais bien sortir, j'ai un copain.

Comme je souris d'un air complice, elle précise en haussant les épaules :

– Je dis que j'aimerais bien sortir, mais j'ai pas toujours dis ça. Y a eu des moments dans ma vie où j'aurais préféré être ici que chez moi. Quand j'étais gamine, c'était pas drôle.

Tout ce que je sais de Leïla est dans son dossier, qui n'est pas très instructif. Elle a été élevée successivement par sa mère, par sa tante, par son père, qui sortait de prison, puis par un beau-père... Elle a une belle-mère, à peine plus âgée qu'elle, seize ou dix-sept ans. C'est compliqué, je m'y perds un peu ; elle-même a dû s'y perdre souvent.

Ma voiture est souvent le dernier salon où l'on cause, celui des confidences du soir, à l'heure ou les « grandes » regardent partir l'éducatrice avec envie.

Leïla s'installe sur le siège, allume une nouvelle cigarette, la fumée envahit la voiture, forte, sucrée.

Je lui demande :

– Qu'est-ce que tu fumes, là ?

Elle éclate de rire :

– Eh, c'est pas ce que tu crois. C'est une Royale !

Joli rire, jolies dents, cette jeune fille cloîtrée est déjà une femme libre dans sa tête.

– On te donnera peut-être des week-ends, des sorties ; tu pourras le voir ton copain.

– Ça m'étonnerait. Si mon père sait ça, il me tue !

Petit silence de fumée.

– ... Il a déjà essayé. C'est pour ça que je suis là.

– Je croyais que tu étais chez ta mère avant de venir ici ?

– Non, j'étais chez ma belle-mère ; enfin c'est pas encore ma belle-mère, ils vont se marier. C'est ma tante qui prépare le mariage, moi j'irai pas. J'ai pas le droit. Mon père veut pas.

– Il n'est pas commode, on dirait.

– Il est complètement fou, oui... C'est pas compliqué, dans ma vie, j'ai été tranquille pendant un an, et encore je ne m'en souviens même pas, c'était avant que j'aie trois ans...

Je baisse les vitres de la voiture pour sentir un peu l'air frais du soir. Écouter, ne pas trop interrompre le flot des confidences nécessaires.

– Mon père est sorti de prison quand j'avais trois ans. C'est là que ça a commencé. Il s'est séparé de ma mère, il s'est mis avec une autre, et il nous a repris à la maison, avec mon frère Farid et ma petite sœur Amina. Jusque-là, on était tranquilles, on vivait chez ma tante... Pour te dire comme il est fou mon père, il y avait un perroquet chez ma tante, il l'a étouffé. Elle a rien dit, parce qu'elle avait peur de lui. Après, il a mis le perroquet dans mon lit. J'avais peur de ce truc mort, mais je n'osais pas pleurer. Il m'a forcée à dormir avec ça toute la nuit.

– Pourquoi ?

– Sais pas. Il est fou, je te dis. Il a fait des trucs pires, mais... t'en parles à personne ?

– Non, bien sûr.

Cette promesse m'ennuie un peu. J'ai peur d'avoir besoin, un jour, des éléments qu'elle va me confier et de ne pas pouvoir m'en servir. Je suis tout de même éducatrice. Mais je la laisse continuer.

– Mon père, un soir, il est monté avec Farid, mon frère, chez la vieille qui habitait au-dessus. Il a dit à mon frère : « Tu vas coucher avec la vieille ! » Il riait comme un dingue, et mon frère avait peur. Il a dit : « T'es fou ! Je pourrai jamais faire ça. » Seulement, il y avait des copains, avec mon père, qui rigolaient aussi. Ils étaient tous bourrés, tu vois, et la vieille aussi, ils l'avaient fait picoler. Mon frère s'est mis à crier qu'il ne ferait pas un truc pareil et il a dit à mon père : « Tu peux me tuer sur place, je veux pas ! » Alors, mon père a détaché sa ceinture et il s'est mis à le frapper en gueulant qu'il allait lui apprendre à obéir, et mon frère courait dans tous les coins, il prenait des coups partout. Quand il a réussi à lui échapper, il est redescendu chez nous en vitesse, il avait du sang partout. Il a fermé la porte au verrou et il nous a dit : « Allez-vous coucher, les filles, et n'ouvrez pas, surtout ! » Après, il est allé se laver dans la salle de bain. Mon père aurait pu le tuer.

– Quel âge avait ton frère ?

– Seize ans, c'est l'aîné. Le lendemain, on s'est tirés, il nous a emmenées, ma sœur et moi, chez ma mère, la vraie.

– Et là c'était mieux ?

– Tu rigoles ! Elle buvait comme un trou, elle sortait tous les soirs et elle nous laissait seuls avec sa petite fille, qu'elle avait eue après mon père. Lydia, elle s'appelait. Je passais des heures à lui coiffer les cheveux, à lui faire des tresses. Elle était belle, Lydia.

Nouvelle cigarette, nouveau silence pendant le petit rituel d'aspiration profonde. J'attends. Rien ne vient, alors je me décide :

– Elle est où, Lydia ?

– Elle est morte.

– Quand ?

– Pas tellement longtemps après qu'on soit arrivés chez ma mère. Elle buvait, ma mère, mais elle prenait aussi plein de trucs pour dormir. Elle laissait traîner les pilules partout. Il y avait des cachets qui étaient roses. Lydia les a pris pour des bonbons. Je les vois encore... roses. Elle arrivait pas à les avaler, ils étaient bloqués dans sa gorge, elle trépignait, elle étouffait ; alors, j'ai appelé mon frère, je lui ai expliqué qu'elle avait quelque chose de coincé dans la gorge. Sur le coup, je savais pas quoi... Mon frère a pris ce qu'il trouvait, de la bière, pour que ça descende... Après, elle est tombée. Quand mon frère a vu qu'elle ne bougeait plus, il a ouvert la fenêtre, il a crié au secours. Les voisins ont bien entendu, mais ils n'ont pas pu entrer.

– Pourquoi ?

– On était enfermés à clef quand ma mère se tirait le soir. Alors, les voisins ont appelé les pompiers qui ont défoncé la porte et ont emmené Lydia. C'était trop tard.

– Et après ?

– Ils ont publié ça dans le journal. Mon père est allé voir les juges, et il nous a repris.

Elle pleure, légèrement, en effaçant la larme qui vient se mêler au rimmel de ces cils immenses, une petite tache noirâtre sur la joue brune. Regard dans le rétroviseur, on essuie la marque, comme une grande.

Elle n'a rien dit de tout cela au psychiatre d'ici.

Son éducatrice m'a appris qu'elle avait refusé de lui parler. Rien dit non plus à celui qu'elle est allée voir en ville : on lui avait pris un rendez-vous à l'extérieur en espérant qu'elle l'accepterait mieux. Ils sont tous pareils, les enfants d'ici. Pas de « spychiatre ». Ils sont sûrs que, si on leur propose un psy, c'est qu'on les prend pour des « débiles ». J'ai souvent tenté de leur expliquer, mais ils ne veulent rien entendre, et ils se charrient entre eux : « Hé, regarde, le débile, il va chez le psy ! C'est normal, sa mère elle est folle ! »

Ce refus cache aussi la peur d'être reconnu par un autre comme un enfant mal aimé, abandonné, de se retrouver dévalorisé dans le regard de l'autre. Leïla n'échappe pas à la règle. Elle joue les jeunes filles distantes, solides. C'est sa manière à elle de conserver une dignité.

Pourquoi me parler à moi ? Lassitude d'un soir ? Hasard de la rencontre sur le pas de la porte et le fait que je ne sois pas psy ? Il est fort possible qu'elle regrette ses confidences demain. Qu'elle m'en veuille de les avoir reçues, de « savoir ».

J'ai connu une autre Leïla. Elle me parlait des autres en disant qu'ils n'avaient pas de pot, eux, que leur mère les avait abandonnés. Elle, sa mère ne l'avait pas abandonnée ; c'était à cause de cette « salope d'assistante sociale ». Et, comme je faisais semblant de la croire, elle m'a ri au nez :

– T'es con, hein ? Tu gobes tout ce qu'on te raconte ? C'est pas vrai ; ma mère, elle m'a jamais voulue, elle me l'a dit : « J' tai jamais voulue, j'ai tout fait pour ne pas t'avoir : j'ai pris des médicaments infects, des tas de piqûres, mais t'es venue quand même et tu ressembles à ta saloperie de père ! » Elle m'a jetée ici, à la DDASS, elle a dit au directeur : « Que j'la voie plus, c'est tout ce que je demande ! » J'avais huit ans, je chialais, je m'accrochais à sa jupe, j'y croyais pas, mais elle s'est barrée et elle est jamais revenue !

Après cette crise de confidence, la gamine m'a jetée :

– Fous le camp, sors de là, j'ai besoin de personne !

Sur le moment, je n'avais rien compris. Mais, lorsqu'on reçoit de telles confidences d'un enfant, on est plus la même à ses yeux. On est devenue « celle qui sait ».

Demain, je me ferai peut-être rembarrer par Leïla, ou bien elle décidera de m'ignorer. Pour l'instant, dans la fumée d'une autre cigarette, elle dévide les souvenirs, comme une pelote de laine sans fin.

– Après la mort de ma petite sœur, le copain de ma mère la cherchait partout pour la tuer ! C'était lui le père, tu comprends ? C'était sa fille, à lui aussi. Heureusement, il l'a pas trouvée. Elle a vendu ses meubles et elle s'est tirée dans un foyer. Et mon père nous a repris. J'ai revu ma mère au Noël suivant. Mon père avait accepté qu'elle vienne, exceptionnellement. Ça a mal tourné. Ma mère a bu, elle voulait pas se coucher, elle mettait la musique à fond; alors, la nouvelle femme de mon père s'est battue avec elle et l'a virée. Je pleurais, je voulais partir aussi, mais ma belle-mère était furax, elle m'a traitée de salope et de putain comme ma mère. Elle s'est jetée sur moi et m'a battue : j'ai pris des coups de talon, j'appelais au secours... Elle s'est arrêtée de taper quand mon frère est rentré, et il l'a giflée en la menaçant d'appeler les flics... Et puis, mon père est arrivé à son tour et il nous a enfermés tous les deux, mon frère et moi. Je suis restée enfermée un an et demi dans ma chambre, sans pouvoir sortir. L'école a écrit plusieurs fois, mais il leur racontait des bobards : que j'étais partie avec ma mère, que j'allais dans une autre école... Et, pendant ce temps, il faisait des cambriolages, il ramenait des magnétos, des télés, des caméras, des chaînes hi-fi... Un jour, les flics sont venus faire une perquisition, j'étais contente, je me suis dit que j'allais leur dire qu'on m'enfermait et qu'on me battait, mais la belle-mère m'a prévenue : « Si tu dis quelque chose, t'iras en prison. » J'ai eu peur et je me suis cachée sous un lit. Les flics ont rien trouvé ce jour-là, mon père avait tout revendu. Mais il a été dénoncé par des copains à lui. Il a pris deux ans ferme. Alors, ma belle-mère s'est trouvé d'autres mecs. Elle racontait qu'elle avait du travail. En vrai, elle faisait la pute. Et puis, elle nous a dit qu'elle voulait plus s'occuper de nous, qu'on se débrouille pour bouffer.

– Comment vous vous êtes débrouillés ?

– On a cherché à retrouver notre vraie mère,

elle était dans un foyer, elle avait plus d'appart. Alors, on s'est démerdés autrement. On piquait des fringues à la belle-mère, on les revendait pour acheter de la bouffe. Quand on pouvait pas piquer, on mangeait pas.

Elle rit, la jolie fille brune à la cigarette blonde. La débrouille, c'est une performance.

– Un jour, un type a sonné à la porte, j'ai ouvert : c'était un éducateur, il a dit qu'il allait s'occuper de nous. Mais y avait un flic avec lui. Je voulais pas ; seulement, il nous a parlé gentiment, on s'est pas méfiés et on s'est fait prendre. Et voilà. Je suis là... et je t'emmerde avec tout ça. T'es pressée ?

J'étais pressée, en effet. Je pensais à une autre gamine, la mienne. Elle devait m'attendre. Je pensais aux courses à faire, au dîner à préparer ; j'espérais que ça ne se voyait pas, j'avais patienté plus de deux cigarettes. Mais rien ne leur échappe, à ces enfants-là. Ils sont fiers.

Elle balance sa clope par la portière, déplie son corps de gazelle, rassemble ses longs cheveux, avec une coquetterie désinvolte, avant de se pencher à la portière pour me sourire.

Je suis la seule à « savoir ». On dirait qu'elle me fait confiance. Elle pourra continuer à fasciner le dortoir des grandes, avec ses fringues de luxe... et sa beauté d'ailleurs.

– Salut !

– Salut...

Beau, par malheur

C'est un gamin que l'on a placé en nourrice, un petit garçon métissé. Il est superbe. Mais il se trouve que pour lui c'est un handicap. Les enfants métissés ont moins de chance que les autres d'être adoptés ou pris en nourrice ; c'est souvent comme ça. Pas pour lui. Il a été « choisi ». Je ne sais plus son prénom ; dans mes souvenirs, je l'appelle « l'enfant ». Il est beau comme une photo de reportage sur l'enfance pauvre et belle, symbolique de l'abandon, de la misère et du reste. Avec lui, on ferait une affiche vraiment démagogique.

Il revient à la DDASS après deux placements nourriciers successifs. Je m'étonne de ces deux échecs. Il a huit ou neuf ans. Il me paraît calme et gentil et je me dis qu'un môme comme ça ne doit pas poser de problèmes énormes de comportement. Je ne comprends pas. Je vais donc consulter le dossier.

La première famille d'adoption n'a pas donné d'explication. Retour à l'envoyeur, sans plus. Mais, après le second placement, le second échec, l'enfant a raconté aux psychiatres et aux psychologues ce que les premiers parents lui avaient demandé : participer à leurs jeux sexuels. Surtout avec l'homme. Et, comme il refusait, les parents l'ont ramené au bout d'un certain temps. Sans rien dire, évidemment. Et l'enfant non plus.

Dans la seconde famille, il s'est trouvé dans une situation étrange. De peur d'être ramené au foyer comme la première fois, traumatisé par ce qu'il avait vécu, il a voulu montrer sa bonne volonté. Il s'est glissé dans le lit du couple. Il a carrément offert ses « services » et sans rien expliquer de sa première expérience.

Alors les gens nous l'ont ramené.

– Mais qu'est-ce que c'est, ce gosse que vous nous avez donné ? Un petit obsédé ?

C'était ça, l'échec. Il était beau, il était tombé une première fois sur des êtres immondes. Mais tout vaut mieux que le retour au foyer, l'abandon. Il avait cru que c'était la loi, le jeu pour se faire accepter, ne pas se faire rendre au foyer comme un objet dont on n'est pas content.

Je sais que, souvent, on émet des soupçons sur ces enfants. Mais il a donné des précisions qu'un enfant de huit ans ne pouvait pas inventer. Il a décrit des attitudes et le corps de l'homme en question. S'il ne l'avait pas vécu, il n'aurait pu en parler ainsi.

Il est resté au château deux ou trois ans ; j'ignore ce qu'il est devenu ensuite. Placé, déplacé, repris. Ailleurs.

Cet enfant abandonné était beau, par malheur. C'est un handicap comme un autre. Ce gosse était déjà paumé, il a fallu qu'on lui inflige, en plus, l'indignité. Car un enfant qui subit des sévices sexuels est blessé à jamais. Dans son corps et dans son amour. Mais surtout dans sa dignité. Pour toute sa vie. Au plus profond. Il ne s'en remettra jamais.

Je ne veux pas juger ces gens, ces parents que l'on dit « nourriciers ». Je ne sais pas juger. Je n'ai que des chocs. C'en était un de plus. Au passage, comme ça, gratuit. Et pour le môme, à vie.

L'enfant. L'enfant découvre le monde. Et le monde n'est pas fier.

Disait monsieur Prévert.

Le petit cavalier de l'Apocalypse

Ils sont quatre. Une petite meute de frères et sœurs, dont le chef est un loup. Vincent vient d'arriver au château et regarde le nouveau décor de sa vie avec une sorte de fureur rentrée. Il a treize ans, c'est lui l'aîné. Un beau gamin aux cheveux châtain clair, épais, une coiffure de page, des traits fins et deux grands yeux verts, vifs et brillants. Derrière lui, son frère Nicolas, sa réplique tout craché, avec un an de moins, et blond comme les blés. Sophie a dix ans, elle a l'air d'une petite fille calme et réfléchie, le contraire de ses deux frères qui ne pensent qu'à faire des bêtises et à rigoler. Tout au bout de la chaîne, à la main de Sophie, la dernière petite sœur, Virginie, six ans. Elle est couverte de cloques sur le corps et sur les bras. L'éducatrice des petits a diagnostiqué un impétigo. Bizarre. En y regardant de plus près, ces cloques ressemblent plus à des brûlures.

Ils sont donc quatre, et ils auraient dû être cinq. Le cinquième a brûlé vif dans l'incendie de l'appartement familial. Incendie déclenché par le père au cours d'une crise de démence alcoolique. Ce dernier maillon de la chaîne aurait eu cinq ans. Les enfants n'en parlent pas, nous ne savons pas si c'était un garçon ou une fille.

Le père est en prison, un pauvre homme, défiguré et rongé par l'alcool. La mère, nous l'avons aperçue quelques minutes. Une grosse femme ratatinée, rouge, les traits déformés, elle aussi, par l'alcool, bouffie, laide.

Le premier jour de classe, Sophie me dit :

– J'ai beaucoup de retard en classe, tu peux m'aider à le rattraper ?

C'est insolite dans la bouche d'une petite fille de dix ans. La formulation, le ton sont ceux d'une adulte. Elle dit, par exemple, en parlant de ses parents :

– Je ne veux pas finir comme eux.

Cette enfant éprouve une profonde aversion pour son milieu familial, un dégoût immense, une colère de grande personne. Elle réfléchit, elle analyse et tire des conclusions de sa situation ; elle prend les moyens qui s'imposent pour en sortir et se met immédiatement au travail, avec sérieux. Elle emportera du travail à faire le soir à l'internat. Cette petite femme a une volonté d'enfer pour sortir de l'enfer.

Car ils ont vécu l'enfer, tous les quatre, c'est visible. Vincent a des marques brunes, anciennes, sur le corps. Nicolas aussi. Quant à la dernière, cette histoire d'impétigo me tracasse. Sophie dit ne pas en connaître l'origine. Il ne peut pas s'agir de brûlures causées par l'incendie ; ce sont de grosses cloques toutes identiques, à intervalles réguliers, et très localisées.

L'éducatrice a mis de la pommade contre l'impétigo. Je me demande à quoi elle pense et si elle voit ce que je vois ! Ce sont manifestement des brûlures de cigarette. J'en ai déjà vu sur des enfants, elles laissent des traces particulières, parfaitement repérables ; les contours sont précis. Une cloque remplie de liquide et une trace blanchâtre tout autour d'un cercle rouge.

Le lendemain, la pommade contre l'impétigo a produit un résultat catastrophique, et on doit emmener la petite au CHU, où l'on diagnostique enfin des brûlures et l'on prescrit un traitement approprié.

On pense immédiatement au père, mais il se défend d'avoir fait quoi que ce soit. De toute façon, il est difficile d'interroger logiquement cet homme, ivre en permanence ou en manque, qui ne sait plus ni ce qu'il fait ni ce qu'il dit. Les enfants ne laissent rien percer. Les deux garçons ricanent bêtement à chaque question, et Sophie se tait. Quant à Virginie, elle pleure, sans explication.

Au bout de quelques jours, Nicolas et Vincent ont entamé un travail de destruction en règle dans la maison. Ils se sont mis à la tête d'une petite bande d'enfants moins affirmés, moins agressifs, qu'ils dominent complètement. Vincent cogne volontiers sur tout ce qui bouge ou lui résiste. Les malheureux chats qui traînent dans le parc lui sont un cheptel de torture idéal. Il a déjà crevé les yeux d'un petit moineau et, comme il ne peut pas tordre le cou aux cygnes de l'étang, il leur jette des cailloux. Estropier un chien, arracher les pattes des grenouilles, il aime.

Tout ce qui est mal, il le fait avec enthousiasme. Ce gosse est un petit monstre qui me bouleverse profondément. Qu'un adulte fasse souffrir, sans l'excuser je peux le comprendre, mais un enfant de treize ans, qui a déjà appris à faire le mal, qui le pratique comme un art, sciemment, c'est révoltant. Et décourageant, car on ne sait pas, je ne sais pas comment m'y prendre avec lui.

Vincent entraîne son frère et les autres dans ses exploits, et l'ambiance devient rapidement infernale au château, totalement soumis à ces petits monstres aux gueules d'ange. Sophie ignore complètement ses frères, n'intervient pas ; il semble qu'elle les ait rayés de son existence, comme le père et la mère.

Aujourd'hui, j'entends des cris de bagarre. Les trois grands de la fratrie se battent, et les deux garçons ont le dessus. Sophie a pris une trempe pour apprendre à ne pas mettre son nez dans les affaires des garçons. Les deux petits tortionnaires abandonnent leur sœur sanglotante et furieuse.

Sophie, si calme d'habitude, est exaspérée lorsqu'on touche à ses petites affaires. Elle les préserve avec soin, maniaque ordonnée. Qu'il s'agisse de livres ou de petits jouets, son domaine est interdit aux frangins. C'est parce qu'ils lui ont piqué quelque chose que s'est déclenchée la bagarre, avant de dégénérer en règlement de comptes familial. Battue, hors d'elle, Sophie a menacé ses deux frères de parler. Et elle parle. Elle rompt le silence de la fratrie, elle se venge :

– Ils ont brûlé Virginie, c'est eux qui lui ont fait les cloques. Ils l'ont couchée : Nicolas la tenait de force, et Vincent la brûlait avec sa cigarette. Et elle gueulait, elle gueulait ! Je te jure que c'est vrai !

Je préférerais ne pas la croire. Deux gosses de treize et douze ans torturant leur petite sœur pour le plaisir ?

– Ça c'est passé quand ?

– A la maison. J'ai rien dit, ils m'auraient tapée.

Vincent et Nicolas roulent des yeux furibonds, et j'entends proférer des menaces à voix basse :

– Tu vas voir ! Tu pouvais pas fermer ta gueule ?

– Attends un peu, salope !

Sidérée. Je suis complètement sidérée. Ils l'ont réellement fait, c'est évident. Ils s'étaient assurés du silence de Sophie ; elle a craqué parce qu'ils l'ont battue alors qu'elle était dans son droit et surtout, parce qu'elle se retrouve en dehors du milieu familial. Entre le père fou incendiaire, la mère bouffie d'alcool et les deux frères démoniaques, il devait y régner une terreur permanente.

Le brun et le blond, également haineux, fusillent leur sœur du regard. D'avance, ils lui promettent des représailles sanglantes, vomissent des injures.

Il est urgent d'organiser une réunion de synthèse sur leur cas. Les deux garçons sont donc convoqués séparément, et Nicolas se défend immédiatement :

– C'est pas moi, j'y ai pas touché. C'est Vincent.

Vincent hausse les épaules d'un air méprisant. Il n'y a rien à en tirer.

– Ton frère t'accuse. Qu'est-ce que tu réponds ?

– Puisqu'il vous l'dit !

Sophie confirme son accusation en précisant :

– Mon père était pas là, ma mère avait bu, elle était couchée. Ils tenaient Virginie sur un banc, ils criaient tous les deux, et Vincent la brûlait avec sa cigarette.

La directrice propose de faire un rapport au juge pour enfants et de demander l'exclusion de Vincent. Les éducateurs évitent de se regarder. Pour une fois, la réunion de synthèse est calme, nous sommes mal à l'aise. Gênés, embarrassés par ce récit, cet enfant monstre.

Quelqu'un demande :

– L'exclure du château ? Pour le mettre où ?

– C'est au juge pour enfants d'en décider. Dans un centre de détention, au quartier des mineurs ou dans un établissement dépendant du ministère de la Justice.

Je suis atterrée.

– Mais c'est fou. Cette histoire s'est passée avant son arrivée ici. Ce gamin a toujours vécu dans un climat de violence, il n'a appris que la violence ! Il a subi des sévices, nous le savons, comme ses frères et sœurs... Il n'a pas d'autre système de référence que les rapports de force. Il n'est ici que depuis quelques semaines, on pourrait quand même essayer de le rééduquer, de lui apprendre d'autres valeurs.

– C'est trop tard. Il a toujours vécu comme ça, il faut nous en débarrasser, de Nicolas aussi. Ils sont dangereux pour les autres. C'est une situation qui nous dépasse.

Je tente encore de plaider sa cause :

– Vincent est docile en classe, il s'intéresse et apprend très vite ! Il faut continuer à l'aider et non pas le condamner ! Enfin, si ce gosse n'avait pas de problèmes, il ne serait pas là !

– Nous ne sommes pas armés pour traiter ce genre de difficultés. Il faut le reconnaître et ne pas faire prendre de risques inutiles aux autres enfants.

La décision n'est pas prise, officiellement, à l'issue de la réunion, mais je me suis battue pour une cause perdue.

Pour moi, Vincent n'est pas irrécupérable. Mais, si on l'enferme dans l'une de ces prisons pour mineurs délinquants, là où se trouvent concentrées toutes les violences, où la seule loi qui reste est l'escalade, il est fichu. Dehors, dans la cour, je l'aperçois de loin ; il sait qu'il y a eu une réunion à son sujet. Il traverse la cour pour rejoindre son groupe, il lève la main de loin, pour dire bonsoir peut-être ? Un autre gosse serait immédiatement venu aux nouvelles. Lui, s'éloigne sans rien demander.

Il joue au dur, il imite son père, le seul modèle d'adulte que la vie lui ait offert jusqu'à ce qu'il ait treize ans. Il parle comme lui. Et, lorsqu'il évoque son père, il commence toujours sa phrase par : « L'aut' saloperie, là... »

Ce langage, cette révolte insultante, est sa seule

défense. Il n'est pas le seul ; je connais une gamine de huit ans qui pèse quinze kilos et porte du quatre ans, dont la mère ne dessaoule pas et change de « mari » tous les deux mois. Des hommes qui se ressemblent tous, ivrognes, sales et brutaux, qui battent la gamine et l'enferment dans le placard. A huit ans, cette gosse parle et jure comme un condamné à perpète ; elle boit et vole dès qu'elle en a la possibilité ; elle ne sait ni lire ni écrire, elle est sale.

Il y a les gosses qui copient la violence familiale et ceux qui la rejettent. Ceux qui la copient ont plus besoin de nous encore que les autres. Et, cette aide, ils ne viendront pas la chercher d'eux-mêmes, ils lutteront contre. Il faudra la leur imposer, prendre le temps de retourner les cartes, de changer la donne. Leur apprendre la couleur de la tendresse, celle du respect de soi et des autres. C'est difficile, mais je refuse d'admettre l'échec pour un gosse de cet âge, je refuse le mot « irrécupérable » à treize ans...

Petit intermède dans l'histoire de la fratrie. Quelques jours plus tard, depuis la classe, j'entends des hurlements dans le couloir. Je connais cette voix, c'est celle de la mère. Elle entre dans la pièce comme une furie, suivie de la directrice, elle-même escortée de l'éducateur chef. Tout le monde est sur le pont, c'est le branle-bas de combat.

– J' les veux, mes gamins ! Rendez-moi mes gamins ! Voleurs d'enfants, bande de salauds ! J' les aime, moi, mes gamins, je les « darlote », je vous dis que j'les « darlote ».

Vincent et Nicolas sont ravis de l'aubaine, ils se tapent sur les cuisses en ricanant. La mère venue faire un scandale au château, c'est génial, pour eux.

– Personne m'empêchera de voir mes gamins, pas même le pape ! J' vous emmerde tous ! Et vous aussi !

Ça, c'est pour moi.

Sophie a blêmi, elle est livide et contemple sa mère qui continue de hurler :

– J'les aime, moi, mes enfants ! J'les « darlote » ! C'est pas vrai, les p'tiots, que je vous « darlote » ?

La directrice et l'éducateur chef sont restés figés à la porte, ne sachant trop quelle attitude adopter devant cette furie.

– Et la p'tiote ? Où qu'elle est, la p'tiote ? J' la veux ici tout de suite ! Bande de voleurs ! Salauds !

Sophie se lève, blanche comme un linge, traverse la classe, avance vers sa mère, se plante devant elle :

– Dégage ! T'es qu'une grosse coche ! Putain ! Salope ! J'te déteste, je veux plus te voir ici, plus jamais de ma vie !

La mère s'est tue. Elle regarde avec stupeur sa fille de dix ans, tremblante de colère et de dégoût. Elle dessaoule brutalement, ses yeux se remplissent de larmes, les épaules s'affaissent, le visage bouffi esquisse une grimace... et elle recule. Elle fuit en bousculant sur son passage la directrice et l'éducateur chef.

Sophie va se rasseoir, terriblement calme et digne ; elle prend le temps de jeter au passage, à ses deux frères, un regard qui coupe net leur fou rire hystérique. Elle a honte, affreusement honte, je le sais. Que les autres aient pu voir, constater ce qu'avait été sa vie, sa détresse, ce qu'elle avait dû endurer, et qui était sa mère...

Au château, l'absence des parents protège les enfants. Elle empêche les autres de savoir à quel point une mère ou un père peuvent être moches. Sophie n'a pas supporté qu'on le sache. Elle n'a jamais pardonné à sa mère, et maintenant elle refuse toute sortie. Les week-ends, elle reste au château. « Ne pas finir comme elle. »

Ce jour-là, le reste des cours s'est passé dans un calme impressionnant. Les mouches volaient en paix. Vincent et Nicolas n'avaient pas le cœur à leur couper les ailes.

Vincent est en passe d'être envoyé dans un autre centre. Il y sera confronté à des plus grands, il ne pourra plus s'attaquer aux petits et les terroriser. Il a beau être costaud et bien bâti, flanquer une trempe à un type de dix-sept ans, c'est une autre histoire, un autre rapport de force. Nicolas partira avec lui.

Ce soir, Joël, l'éducateur de Vincent, vient me voir. Il est effondré. Il vient de se passer quelque chose de grave entre lui et Vincent, au dortoir.

Le gamin ne l'a pas entendu arriver et, surpris, s'est dépêché de cacher quelque chose sous son matelas. Joël pense immédiatement qu'il a volé quelque chose.

– Donne-moi ça.

– Non.

Les bras croisés, debout devant son éducateur, les jambes écartées, Vincent prétend défendre son butin, toujours avec cette expression insupportable, insultante, méprisante pour celui ou celle qui ose se mettre en travers de son chemin. Joël se fache.

– Ôte-toi de là, tu ne fais pas le poids et tu ne m'impressionnes pas !

Joël le pousse, mais Vincent lève la main sur lui. L'éducateur, plus rapide, gifle le gamin. Ils en restent pantois tous les deux. Joël se ressaisit, il fouille sous le matelas et il en sort... des lettres.

Il vient de gifler ce gosse parce qu'il planquait des lettres personnelles sous son matelas ! Si personnelles. Mal écrites, en phonétique, adressées à son père en prison, et qu'il n'a jamais postées. La première lettre commence ainsi :

« Papa sauve-toi et viens me chercher. »

Joël ne va pas plus loin, il lui rend le paquet de lettres et prend en pleine figure un regard de haine, de véritables éclairs dans les yeux verts.

Ce qu'il vient de faire est atroce pour Vincent. Il le sait. Vincent qui prétend détester son père, et le clame haut et fort : « L'aut'saloperie, là... »

Joël a découvert la faiblesse du gamin. Il n'en avait pas le droit. Il en est malade. D'autant plus malade que Vincent va partir et que Joël n'aura pas le temps d'utiliser cette erreur à leur avantage à tous les deux. Vincent lui en aurait voulu sur le moment, mais petit à petit, à force d'obstination, Joël aurait pu faire de ce secret entre eux, un lien, gagner la confiance de Vincent, s'en faire un allié. Mais il est trop tard, c'est foutu.

L'éducateur quitte le dortoir sous le regard de haine. Vincent l'aurait tué s'il avait pu, si le choc de cette mise à nu n'avait pas été si dur pour lui.

Joël a lu dans la lettre ce que le petit monstre disait à « l'aut'saloperie ». Qu'il l'aimait, qu'il avait besoin de lui, avec les mots d'un gamin de son âge, le besoin d'un gamin de son âge. Non seulement Vincent est capable d'aimer, mais il en crève et ne parvient plus à s'exprimer qu'à travers la violence.

A la réunion de synthèse, j'ai essayé de défendre Vincent à nouveau. Cette fois avec Joël. J'ai tenté d'expliquer son comportement.

Je posais des questions aux autres. Je leur demandais d'imaginer la souffrance et le malheur qu'avait dû subir le gamin pour avoir plaisir à répandre à son tour la souffrance, autour de lui. N'y avait-il pas mieux à faire que de sanctionner, que de séparer ? Car on allait le séparer de ses sœurs, une autre souffrance pour lui, même s'il n'en laissait rien paraître.

J'ai perdu. On m'a dit qu'essayer de sauver Vincent ne valait pas le prix qu'auraient à payer les autres.

Vincent, c'est mon échec. C'était la première fois que je n'étais pas parvenue à un échange, à déclencher quelque chose entre un enfant et moi. Il blessait un animal, je savais que c'était lui, et il haussait les épaules en me regardant, tout sourire. Je ne pouvais rien faire. Le punir ? Le priver de quoi ? Un Vincent n'a rien, ne possède rien ; d'avance, il est privé de tout. Il est puni d'avance.

Avec les autres, j'arrivais à un dialogue. Lorsqu'un gosse merdait – « merder » c'est le mot qu'ils utilisent pour parler d'une bêtise quelle que soit sa gravité –, qu'il ait refusé un travail, déchiré son cahier ou tapé sur un autre... bref, lorsqu'un gosse merdait, je proposais toujours une solution. Refaire le travail en l'aidant, recoller le cahier, trouver un arrangement... Et, parce que ma solution n'était pas une sanction, une punition ou la privation de quelque chose, ça marchait.

Je reconnais à tous ces enfants le droit d'exprimer leur colère ; je me suis toujours efforcée de la canaliser pour en faire quelque chose de positif.

Mais Vincent ne disait jamais : « J'ai merdé. » Alors qu'il ne faisait que cela, sciemment, et avec le sourire. J'étais donc impuissante.

Il est parti sans se retourner, le petit monstre inaccessible. Ce petit cavalier de l'Apocalypse.

Et je suis incapable de l'oublier.

Est-ce que j'ai merdé ?

Mémoires

Une tête brune penchée sur un cahier d'écolier, un stylo à bille qui suit les carreaux. L'écriture est large, maladroite encore, mais claire, ouverte, facile. Elle a quatorze ans, elle écrit ses mémoires. Elle écrit parce que j'écris, et, depuis quelque temps, elle veut faire tout ce que je fais.

Je corrige les fautes d'orthographe, c'est mon devoir de maîtresse d'école, mais pas le style, par respect pour l'écrivain.

A quatorze ans, on n'a pas grand-chose à dire, en principe, et, si l'on tient un journal, c'est en général pour lui confier des petits secrets de carte postale : la rencontre avec l'amoureux, des histoires d'anniversaire ou de vacances, des conflits avec maman, des complicités avec papa, des disputes avec le frère ou la sœur ou une solitude d'enfant unique. A condition de vivre en famille, en sécurité, sans drames, sans séparation, bref, de vivre ailleurs que dans un foyer de la DDASS.

Les mémoires de Caroline, c'est autre chose, évidemment. Mais la démarche n'est pas négative, ce n'est pas une adolescente neurasthénique, complaisante pour ses propres malheurs et qui écrirait par ennui. Elle écrit parce que j'écris ; si j'avais fait de la cuisine, elle se serait mise aux casseroles.

CHAPITRE I

Jusqu'à l'âge de six mois, j'ai habité Alger avec mes parents. Mon père est algérien, ma mère espagnole. Nous étions quatre enfants, Christophe quatre ans, Emmanuelle trois ans, moi et ma sœur jumelle, Cécile.

Un jour où ma mère était sortie, Cécile s'est mise à pleurer. Mon père, qui a horreur d'entendre crier, est entré dans une colère noire. Il a pris la télé et l'a jetée dans sa direction. Elle a atterri dans le landau. Cécile s'est tue aussitôt, et mon père s'est enfui.

Quand ma mère est rentrée, elle s'est mise à pleurer et s'est enfuie aussi. C'est une voisine qui nous a trouvés, plusieurs jours après. Elle était furieuse parce qu'on pleurait jour et nuit. C'est pour ça qu'elle est montée.

Je ne sais pas où on a enterré Cécile.

CHAPITRE II

Christophe, Emmanuelle et moi, on nous a placés dans un pensionnat à Barcelone. J'y suis restée jusqu'à l'âge de sept ans. Je me souviens qu'il était dirigé par des sœurs très sévères. Le soir, le dernier couché avait une fessée à coups de chaussons. Je ne me souviens pas si j'étais la plus petite, ou la moins rapide, mais c'était souvent moi. De toute façon, quand je n'y avais pas droit le soir, j'y avais droit le matin, parce que je faisais pipi au lit.

Quand j'ai eu quatre ans, les sœurs ont voulu me mettre à l'école, mais elles n'ont trouvé de place que dans une classe de langue française où on n'a pas voulu me garder. On m'a appris le français au pensionnat. Christophe et Emmanuelle le parlaient déjà, parce qu'ils étaient plus grands quand mon père est parti.

Nous étions nombreux, environ cinquante par dortoir.

CHAPITRE III

Quand j'ai eu sept ans, on nous a placés tous les trois en nourrice en France, à Montpellier. Là, mon père a commencé à venir nous voir ; pas souvent, au début ; ensuite, il nous a apporté quelques friandises et il est venu un peu plus ; et, enfin, l'assistante sociale nous a proposé de faire un essai chez lui.

Après deux ans de nourrice, nous sommes arrivés chez lui, le cœur plein d'espoir. La compagnie ne manquait pas, sa femme avait cinq enfants. La première semaine s'est bien passée, mais mon instinct me disait que cela n'allait pas durer. Déjà, nous n'avions pas le droit d'aller dehors, et nous ne devions nous laver qu'une fois par semaine. C'était pour moi les détails annonciateurs d'ennuis sérieux.

CHAPITRE IV

Tout a commencé le dimanche matin. Autorisée à me laver, j'ai demandé du savon et du shampooing. La femme de papa m'a répondu :

– Lave-toi avec du Mir.

Je n'en suis pas revenue ! D'accord, miniprix et il fait le maximum, mais de là à m'en servir pour la douche ! Enfin, j'avais tellement peur qu'elle change d'avis et m'interdise de prendre ma douche que je me suis lavée comme ça. A la sortie de la salle de bain, comme je cherchais une occupation, j'ai regardé si la terre des plantes était sèche, et j'ai commencé à les arroser. C'est à ce moment-là que cette femme est arrivée. Elle s'est mise à hurler et à taper : ensuite, elle m'a enfermée dans une chambre. J'ai pleuré jusqu'à ce que je m'endorme.

J'ai été réveillée par le bruit de la porte qu'on ouvrait. Elle a fait entrer tous ses enfants et leur a dit de me donner une bonne leçon. Ils m'ont battue et ont craché sur moi. En refermant la porte, elle a dit :

– Ça t'apprendra.

Aujourd'hui encore, je me demande bien quoi !

Quand mon père est rentré, la situation a encore empiré. J'ai tout de suite vu qu'il avait bu. Lui aussi m'a tapée, tant et si bien que le lendemain j'avais des bleus partout. On ne m'a inscrite à l'école qu'une semaine après. Moi, j'aurais bien voulu y aller plus tôt, pour manger à la cantine.

CHAPITRE V

Huit jours plus tard, c'est Emmanuelle qui a manqué la classe. Ma belle-mère m'avait envoyée me coucher sans manger, et Emmanuelle avait caché un morceau de pain pour me le donner. Elle a reçu une telle volée qu'elle avait des marques partout. J'ai dit qu'elle avait la grippe, mais la directrice a exigé un certificat médical. Quand mon père a vu cela, il a cru que j'avais parlé à l'école. Il n'arrêtait pas de demander :

– Qu'est-ce que tu as raconté, pour ta sœur ?

A chaque fois, il ne me croyait pas.

– Qu'est-ce que tu leur as dit, pour qu'ils demandent un certificat ?

Comme je répondais toujours que j'avais parlé de la grippe, mon père a pris un couteau et a dit qu'il allait me faire avouer. Je me suis réveillée à l'hôpital avec des coups de couteau à la jambe et au bras.

CHAPITRE VI

Je ne sais pas ce qu'il a raconté, mais quand mon père est revenu me chercher au bout d'une semaine, on m'a laissé repartir avec lui. A la maison, rien n'a changé pour autant, et pour un non, parfois pour un oui, on allait au lit sans manger.

Un jour, à la sortie de l'école, j'ai menacé un copain qui mangeait un sandwich aux rillettes, pour qu'il m'en donne un morceau. J'ai rangé ce trésor dans mon cartable et je l'ai rapporté pour Emmanuelle qui était punie.

Hélas, dès mon retour, mon frère, qui avait perdu son stylo, fouilla dans le cartable et trouva le sandwich. Ce fut l'occasion de mon deuxième séjour à l'hôpital : traumatisme crânien. J'y suis restée huit jours. Comme je ne voulais pas rentrer chez mon père, on lui a posé des questions. Alors, il a dit aux infirmières qu'il avait perdu son contrôle parce que j'avais mangé du porc, malgré son interdiction. Je n'avais pas pensé à ça. J'ai d'ailleurs un doute, maintenant que je sais qu'il existe des rillettes d'oie.

CHAPITRE VII

Je suis donc rentrée avec lui et, comme j'ignorais que c'était seulement pour vingt-quatre heures, je pleurais à chaudes larmes. Le lendemain soir, en rentrant de l'école, j'ai trouvé mon père à la maison, complètement saoul. Il a décidé de faire réciter ses leçons à Emmanuelle. Cela ne rentrait pas vite, d'autant plus qu'elle se prenait une claque à chaque erreur. Je ne saurais pas dire si la dernière erreur était plus importante que les autres, mais, tout d'un coup, j'ai vu mon père se lever : il a pris Emmanuelle par les épaules et l'a secouée en reculant vers la fenêtre. L'instant d'après, Emmanuelle n'était plus dans la pièce.

Ma belle-mère a crié et s'est précipitée dans l'escalier. Il l'a suivie. Dehors, on entendait des cris ; en regardant par la fenêtre, j'ai vu un attroupement en bas. Je ne distinguais ni mon père ni ma belle-mère. Quelqu'un est monté. Il a téléphoné. Ensuite, j'ai entendu des sirènes, et l'homme qui était venu téléphoner est entré avec un gendarme qui m'a emmenée dans un foyer.

J'ignore par quel miracle Emmanuelle s'en est sortie, mais, trois mois après son « accident », elle est repartie chez notre nourrice.

CHAPITRE VIII

Il y a quatre ans que nous sommes séparés. Je ne sais pas ce que mon frère est devenu. Il paraît qu'il est parti chez ma mère. Je n'en suis pas sûre.

J'ai fait quelques conneries, mais c'est fini. Je fume encore un joint de temps en temps, et c'est tout ; en tout cas, personne ne me bernera plus maintenant, ça j'en suis sûre.

L'été dernier, le juge a reçu une lettre de ma mère, elle voulait me prendre en vacances ; elle disait qu'elle m'achèterait une mobylette ! Elle peut crever ! Jamais !

Il ne faut pas qu'elle oublie qu'un jour elle a fermé la porte et que j'étais derrière.

Le Petit Prince

Un petit garçon de quatre ans se promène dans la cour, accroché à la main de sa sœur aînée qui a sept ans. Ces deux-là ont perdu leur mère « des suites d'une longue maladie ». Je n'en sais pas plus.

– Ton p'tit frère, y ressemble au gamin du livre de la maîtresse !

Guillaume vient d'être baptisé Petit Prince, par une mouflette de sept ans. Michèle, « le sourire avec un trou », celle qui cherchait le « cimetière des mamans » et s'en allait sur les routes à tout venant, petit poète à la dérive, elle aussi.

Malgré ce merveilleux compliment, Guillaume suce son pouce et se laisse traîner par sa sœur, le regard complètement affolé devant ce monde inconnu : cet univers sans famille.

En veine de recherche littéraire, Michèle se renseigne :

– Dis, maîtresse, y s'appelle comment, le livre, avec celui qui demande à l'autre de dessiner le mouton, et que l'autre y sait même pas le faire ?

Ce genre de demande est un petit bonheur fugace, dont je profite pleinement en tant que maîtresse.

– Le livre s'appelle *Le Petit Prince*. Et l'« autre », comme tu dis, il s'appelle Saint-Exupéry.

– Hé, Anne, ton p'tit frère, y ressemble au P'tit Prince !

La mouflette érudite a l'œil et le bon. Guillaume a un visage d'ange sous une épaisse tignasse de boucles blondes.

Guillaume dort à l'infirmerie, comme tous les petits de moins de cinq ans. Séparé de sa sœur, le seul réconfort affectif qui lui reste, il hurle le soir, jusqu'à épuisement, en la réclamant. Le lien qui les unit est d'une force et d'une nécessité dramatiques. Dramatiques, car, règlement oblige, Anne, elle, doit dormir dans le dortoir des grandes, avec Michèle, justement, qui pleure avec elle. Michèle ne résiste pas à quelqu'un qui pleure : elle lui offre ses propres larmes en accompagnement, tout ce qu'elle peut offrir...

Le premier jour, dans ma classe, Anne et Guillaume, avec leurs grands yeux bleus, souriaient encore et gribouillaient consciencieusement sur des feuilles de papier avec les feutres de couleur. Cela n'a pas duré longtemps. Anne s'est mise à pleurer, immédiatement suivie de Guillaume. Une grande l'a emmenée faire un tour. Elle lui a demandé de se retenir en lui expliquant qu'elle faisait pleurer son petit frère.

Je ne les ai plus revus sourire. Si personne ne vient les chercher, ils vont s'étioler comme deux fleurs sans eau, l'un hurlant son désespoir chez les petits, l'autre pleurant le même désespoir chez les grandes.

Ce matin, pourtant, Anne esquisse quelque chose qui ressemble à un sourire, et me dit :

– Tu vois, je suis grande; je ne pleure plus maman.

Mais la fin de la phrase s'achève dans un sanglot, elle claque la porte et s'enfuit.

A cette seconde, j'ai honte de moi. Je lui ai demandé de faire un effort, de ne plus pleurer, donc de ne plus exprimer son chagrin. Cette demande est fondamentalement égoïste. C'est moi qui ne supporte plus de l'entendre sangloter. C'est moi qu'elle dérange. Et c'est à elle que je demande de me soulager!

Oh, je me trouve des excuses : « Elle entretient le désespoir de son petit frère. Elle s'épuise nerveusement à le traîner avec elle tout le jour, en larmes. » Mais en fait, c'est moi qu'ils épuisent, tous les deux; devant ce chagrin insupportable, je ne sais plus quoi faire. Parfois, je me donne raison de vouloir endiguer ces pleurs; parfois, j'ai honte de ne pas les supporter. Je ne sais plus...

Nous sommes vendredi, veille de week-end, un oncle et une tante sont venus chercher le Petit Prince. Guillaume, et lui seul. Impossible de savoir pourquoi, dans quel but, ni pour quelle raison ils n'ont pas emmené aussi sa sœur.

C'est ainsi. Les gens sont comme ça. Peut-être ont-ils peur, ces gens, d'avoir à regarder en face le chagrin d'une orpheline de sept ans. Peut-être ont-ils estimé que le même chagrin d'un orphelin de quatre ans était plus « facile à gérer ». Sucette et tour de manège faisant l'affaire. Au lieu de me poser des questions, je ferais mieux de trouver une consolation pour la délaissée, et vite. Anne n'a cessé de pleurer depuis le départ de Guillaume.

Alors, je demande à mon pensionnaire habituel de week-end, Philippe le siffloteur, de céder sa place, pour une fois. De rester au château, pour me permettre de promener Anne, de lui changer les idées. J'ai promis à Philippe que la chose était exceptionnelle. Il m'a semblé comprendre.

A peine installée à la maison, Anne s'est extasiée devant les poupées de Christine, ma fille, et il s'est tenu entre les deux gamines un important conciliabule. Avec quelle poupée Anne allait-elle dormir ? Impossible de choisir. Je l'ai retrouvée, le soir, couchée au milieu d'un tas de peluches et de poupées. Tout va bien.

Pas pour Philippe. Lundi matin, il est introuvable. Il a disparu. Depuis le petit déjeuner, personne ne l'a vu, au château. Chaque fois qu'on marque un point d'un côté, on en perd deux de l'autre ! Un point de gagné pour Anne, enfouie sous ses peluches et sans larmes, deux points de perdus pour Philippe, que j'ai frustré de son week-end en famille avec ma fille.

Si aucun adulte n'a vu Philippe finalement, Anne l'a vu, elle ! A la récréation. Et, depuis, elle exhibe un cocard superbe à l'œil droit.

A qui faut-il en vouloir ? A moi ou au cogneur ? Philippe le siffloteur vient d'exprimer sa jalousie en se transformant en Philippe le cogneur... Une explication s'impose, mais demande réflexion.

On a mis de la glace sur l'œil d'Anne qui attend fièrement le retour de son frère en serrant contre elle une poupée de chiffon, blonde aux yeux verts. Un cadeau de Christine, baptisé « la Nadette ».

La copine Michèle regarde « la Nadette » avec des yeux ronds d'envie, ronds d'admiration, ronds de convoitise. Si ronds que la nouvelle propriétaire décrète une loi. La poupée sera pour elle deux. Chacune dormira à tour de rôle avec « la Nadette », et Michèle l'aura dès ce soir. Anne lui prodigue mille recommandations.

– Couv'-la bien, pasqu'elle a froid.

Quand je songe à la thérapeutique que représente une peluche ou une poupée de chiffon, j'en ferais bien une technique relationnelle, comme on dit dans les bons manuels.

Les années ont passé, le métier m'a conduite, en ce début d'année scolaire, à travailler dans un institut médico-professionnel.

Il y a là des jeunes qui, à seize ans, ne sont pas parvenus à atteindre le moindre niveau scolaire. A l'âge où les garçons pensent filles et motos, où les filles songent déjà depuis longtemps pilule et maquillage, ceux-là ne savent pas lire. On les place donc dans cet internat jusqu'à vingt ans environ. Ils vont essayer d'ici là de combler leurs lacunes tout en s'initiant à quelques travaux d'atelier ; jardinage, mécanique, fer, peinture, petite menuiserie.

J'ai consulté quelques dossiers scolaires. Celui-ci par exemple :

« *1980 :* cours préparatoire.

1981 : cours préparatoire, à nouveau.

1982 : cours préparatoire, pour la troisième fois.

1983 : accès en cours élémentaire première année.

1984 : cours élémentaire première année, à nouveau. »

Etc.

En voilà un qui ne décolle pas depuis 1980.

En annexe du dossier, il est écrit en petites lettres dans un coin de page : « Mère décédée en 1980. »

Dans la cour de l'internat, où je discute avec une collègue des problèmes de la rentrée, soudain un adolescent, aux cheveux blonds et bouclés, aux yeux bleu clair, passe devant moi.

Il est mince et grand. J'ai le cœur qui bat.

– Guillaume ?

Il paraît surpris, s'arrête, revient vers moi, les sourcils froncés, interrogateurs. Il ne sourit pas.

– Tu m'connais ?

– Guillaume, tu avais quatre ans quand tu es arrivé au foyer avec Anne, tu te souviens ?

– C'est quand ma mère est morte.

Il est toujours aussi beau. Ses traits délicats n'ont rien perdu de leur finesse. Les mains dans les poches, toujours sans sourire, il hoche la tête et d'un air las, il m'informe :

– Je suis toujours au foyer. Anne est partie, elle est grande, elle s'est trouvé un copain, il habite avec elle. Mon père s'est remarié.

Un temps, avant d'ajouter :

– Il a préféré prendre une autre femme plutôt que de me reprendre à la maison.

Un temps encore, le Petit Prince respire un coup avant de lâcher :

– Un jour, je la tuerai !

Silence entre nous. J'ai la gorge serrée. Je le regarde un long moment perdu dans ses pensées. Il a serré les poings, froncé encore plus les sourcils. Il n'existe pas, à ma connaissance, de réplique à ce genre de déclaration. De réplique qui vaille la peine d'être exprimée en tout cas, parce que inutile.

– Guillaume, j'ai écrit un livre. Et tu es dedans.

Les sourcils du Petit Prince se lèvent d'étonnement.

– Moi ?

– Oui, toi. Je n'ai pas oublié.

Je croyais avoir dessiné un mouton pour ce Petit Prince-là, mais il a l'air terriblement déçu, et il baisse la tête.

– Je sais pas lire.

Et c'est moi qui ait boudé. Honte d'avoir extorqué son aveu, d'avoir mis a nu sa misère une fois encore. Alors comme lui, je baisse la tête. Tout d'un coup, il me prend par la main, il m'entraîne et subitement, il éclate :

– J'ai dix-sept ans, treize ans que je suis au foyer ; foutu, je suis foutu. Toute ma vie est foutue à cause d'elle, mais je te jure que je la tuerai. Dès que j'ai dix-huit ans, je me tire et je la tue.

Il tremble de colère et de révolte à la pensée de cette femme qui n'a pas voulu de lui, qui lui a volé sa jeunesse et qui l'a condamné à treize ans de réclusion. Comme autrefois, il est au bord des larmes ; alors il lâche ma main et s'en va en me tournant le dos. Il fait quelques pas et se retourne. Il a l'air décidé.

– Y sort quand, ton livre ?

– Bientôt, dans quelques semaines, je crois.

– Alors, je saurai lire.

Et le Petit Prince m'a souri.

Postface
par Jean Maris
Inspecteur de l'enfance inadaptée

« Raconte encore. Recommence. Encore. Encore. »

L'enfance a besoin de rituel. Le rite, c'est le jalon. Celui grâce auquel on se situe, on se reconnaît. Le rituel, immuable, rassure.

L'enfance est la période de construction de soi, et le soi ne s'élabore que par rapport au non-soi, entourage et environnement. Encore faut-il que ce non-soi rende possible l'établissement de situations répétées de contacts et d'échanges. Car c'est cette répétition des situations, connues et reconnues, qui engendre et fortifie, chez l'enfant, le sentiment de sécurité nécessaire à l'harmonie de son développement.

La perfection de l'enfant, l'accomplissement vers lequel il tend de tout son être – de tout son élan vital, selon le langage de Bergson – est dans l'homme. Mais il lui faut, comme disait Alain, non pas devenir parfait de la perfection d'autrui, mais de la sienne propre. C'est en lui, dans sa propre nature, qu'il doit puiser pour se construire homme. Pour cela, il lui faut d'abord apprendre à se connaître et à se reconnaître; d'où l'importance de l'entourage.

La joie est le passage d'une moindre à une plus grande perfection, dit Spinoza, et inversement. Ce que Bergson traduit en termes contemporains : *La joie annonce toujours que la vie a réussi, qu'elle a gagné du terrain, qu'elle a remporté une victoire.*

Quelle plus grande victoire pour l'enfant qu'un pas vers sa perfection d'homme ? Voilà qui nous explique le rayonnant bonheur de l'enfant qui vit sans contrainte son propre développement, dans sa propre voie.

A l'inverse, toute entrave à son cheminement vers sa perfection est pour l'homme, donc pour l'enfant, cause de tristesse d'abord, de détresse enfin, si l'obstacle se révèle permanent et insurmontable. Et la détresse absolue devant l'inexplicable engendre l'angoisse. Or l'enfant dont l'élan vital se heurte au mur de l'indifférence, ou de l'hostilité, ne sait ce vers quoi il tend, ni ne comprend le frein qui le bride. D'où l'angoisse.

Tous les enfants diffèrent par l'expression de leur réaction, qui tient de leur nature et de leur histoire. Aussi diverses qu'elles soient dans leur manifestation, toutes ces réactions ont cependant une origine commune, le refus et le rejet par l'enfant de la situation qui lui est faite. Ce refus est double : refus conscient de l'immédiat et de ses effets cruels, refus inconscient de l'absence de sécurité, qui empêche l'enfant de se construire.

C'est à ce dernier point, au niveau de l'inconscient, que se noue le drame, et c'est là que réside toute la difficulté de l'action éducative. Car le seul remède possible consiste à rendre peu à peu à l'enfant sa confiance perdue dans le monde qui l'entoure. Il s'agit de recréer pour lui, et avec lui, l'entourage et l'environnement sécurisants qu'il a perdus.

D'où l'échec quasi constant de l'institution, par nature insécurisante. L'enfant la découvre un jour soudainement, le plus souvent en pleine période de désarroi, et par une volonté étrangère et mystérieuse. L'arrivée dans l'institution coïncide avec l'écroulement de l'univers antérieur, du passé, du connu – ce qui a fait dire à certains, de façon apparemment paradoxale mais plus juste qu'on ne le pense habituellement, que la pire famille vaut encore mieux que le meilleur internat.

Ajoutons à cela que, de toute façon, l'internat ne peut constituer pour l'enfant le lieu sécurisant auquel il aspire, parce qu'il le vit toujours comme provisoire. Espoir et crainte conjugués contribuent dès lors à aggraver son déséquilibre et son égarement. Espoir farouche de quitter ce milieu qu'il rejette, crainte d'une décision nouvelle toujours possible, et toujours menaçante, de transfert vers un nouvel inconnu. L'internat est toujours transitoire, et perçu comme tel, mais transit pourquoi, et vers quoi ? Non seulement l'enfant placé en institution n'a plus de passé, mais il n'a pas d'avenir. Comment s'étonner, dès lors, que le présent soit toujours vécu comme une révolte ?

D'où également le danger de la solution, tellement plus satisfaisante à première vue, de la famille d'accueil ou d'adoption. La plupart des parents adoptifs ou des candidats à l'adoption se sentent vocation de donneur d'amour, et sont persuadés que cet amour et ses manifestations suffiront à panser les plaies de l'enfant qui leur est confié. L'erreur serait pardonnable, si elle n'était tragique. Certes l'enfant a besoin d'amour, mais en second. L'amour est une des composantes d'un milieu sécurisant, il n'en constitue pas l'essence. Ce n'est que lorsqu'il aura recouvré son équilibre et redonné sa confiance que l'enfant sera prêt à recevoir l'amour, et à offrir le sien en retour. Un tel renversement demande beaucoup de temps et de patience, et c'est bien le scandale majeur, aux yeux des non avertis, que ce refus que l'enfant oppose à l'amour qu'ils offrent. « Incorrigible et ingrat », telle est la sentence inévitable, et l'enfant se retrouve à l'internat. Nouvelle rupture qui ne fait qu'accroître le désarroi.

Tel qu'il est, ce livre se veut témoignage, et ne se veut que témoignage. Ni réquisitoire, ni jugement, ce qui explique l'absence volontaire de conclusion. L'auteur ne juge pas, elle raconte. Mieux, elle laisse les enfants se raconter eux-mêmes. A ceux qui n'ont rien et ne sont rien, elle offre la parole. C'est sans doute pourquoi elle atteint le plus souvent au pathétique. C'est la vie de tous les jours, dans la banalité de son quotidien que nous relate ce livre, sans complaisance aucune, mais sans recherche de l'exceptionnel ou du scandale. Les cas extrêmes ont été volontairement écartés par pudeur et discrétion, tant envers les enfants que vis-à-vis du lecteur.

A celui-ci de réfléchir et de conclure. Et s'il se sent démuni et impuissant devant une telle réalité, qu'au moins il prenne conscience de sa propre responsabilité d'éducateur envers ses propres enfants.

Si la lecture de cet ouvrage peut faire qu'à un seul enfant au monde menacé par l'insouciance ou l'incompréhension d'adultes trop soucieux de leur propre confort ou de leur propre plaisir, soient épargnés le délaissement et la misère psychologique qui s'en suit, pour cela et pour cela seulement, il méritait déjà d'être écrit.

Table des matières

Une souris blanche.................... 13
Le cimetière des mamans.............. 23
Le cordon ombilical.................. 39
Tête baissée, mains dans les poches..... 51
Notre histoire....................... 63
L'Indien............................. 99
Le carnet rose....................... 105
Le p'tit con......................... 119
Deux petites catins.................. 125
Fumée de cigarette................... 143
Beau, par malheur.................... 153
Le petit cavalier de l'Apocalypse........ 157
Mémoires............................. 171
Le Petit Prince...................... 179
Postface............................. 187

Cet ouvrage a été réalisé par la
SOCIÉTÉ NOUVELLE FIRMIN-DIDOT
Mesnil-sur-l'Estrée
pour le compte des Éditions Fixot
64, rue Pierre-Charron, 75008 Paris
en octobre 1991

Imprimé en France
Dépôt légal : octobre 1991
N° d'impression : 19314
ISBN : 2-87645-122-0
50-60-5577-02